essentials liefern aktuelles Wissen in konzentrierter Form. Die Essenz dessen, worauf es als „State-of-the-Art" in der gegenwärtigen Fachdiskussion oder in der Praxis ankommt. *essentials* informieren schnell, unkompliziert und verständlich

- als Einführung in ein aktuelles Thema aus Ihrem Fachgebiet
- als Einstieg in ein für Sie noch unbekanntes Themenfeld
- als Einblick, um zum Thema mitreden zu können

Die Bücher in elektronischer und gedruckter Form bringen das Fachwissen von Springerautorinnen kompakt zur Darstellung. Sie sind besonders für die Nutzung als eBook auf Tablet-PCs, eBook-Readern und Smartphones geeignet. *essentials* sind Wissensbausteine aus den Wirtschafts-, Sozial- und Geisteswissenschaften, aus Technik und Naturwissenschaften sowie aus Medizin, Psychologie und Gesundheitsberufen. Von renommierten Autorinnen aller Springer-Verlagsmarken.

Joachim S. Tanski

Compliance-Management

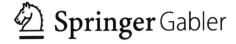 Springer Gabler

Joachim S. Tanski
Technische Hochschule Brandenburg
Brandenburg/Havel und Berlin, Deutschland

ISSN 2197-6708   ISSN 2197-6716   (electronic)
essentials
ISBN 978-3-658-40681-3   ISBN 978-3-658-40682-0   (eBook)
https://doi.org/10.1007/978-3-658-40682-0

Die Deutsche Nationalbibliothek verzeichnet diese Publikation in der Deutschen Nationalbibliografie; detaillierte bibliografische Daten sind im Internet über http://dnb.d-nb.de abrufbar.

Planung/Lektorat: Catarina Gomes de Almeida
Springer Gabler ist ein Imprint der eingetragenen Gesellschaft Springer Fachmedien Wiesbaden GmbH und ist ein Teil von Springer Nature.
Die Anschrift der Gesellschaft ist: Abraham-Lincoln-Str. 46, 65189 Wiesbaden, Germany

Was Sie in diesem *essential* finden können

- Definition grundlegender Begriffe
- Konzentration auf Kernfragen
- Erläuterungen zu essenziellen Merkmalen einer guten und fairen Compliance
- Strukturierte Darstellung eines Compliance-Managements
- Anleitungen zu ausgewählten Einzelfragen der Praxis
- Diskussion von Möglichkeiten und Grenzen der Compliance
- Konzentrierte Darstellungen von Sachverhalten für die Praxis (z. B. Vorbereitung auf Meetings) und Ausbildung (z. B. Prüfungsvorbereitung)
- Ergänzende Beispiele und Grafiken zum vertieften Verständnis

Vorwort

Dass Rechtsnormen und interne Anweisungen einzuhalten sind, ist zwar von jeher gesichertes Wissen, dennoch zeigen die jüngsten Jahrzehnte eine zunehmende Tendenz zum Verstoß gegen die Regeltreue einerseits und zu einer Vergrößerung der aus den Verstößen resultierenden Schäden andererseits. Man begegnet diesen Entwicklungen in Unternehmen und anderen Organisationen mit dem Aufbau und der Durchführung eines spezifischen Compliance-Managements, um die Regeltreue – also compliantes Verhalten – zu unterstützen und das Unternehmen und die Gesellschaft vor Schäden zu schützen.

Im Zuge dieser Entwicklung entstanden zahlreiche Bücher zur Compliance, die meistens entweder sehr dick sind oder nur auf eng umgrenzte Einzelfragen eingehen. Das hier vorgelegte Buch soll insoweit Abhilfe schaffen, als nur die essenziellen Teile des Compliance-Managements vorgestellt werden, um dem Leser eine leicht verständliche und dennoch alle wesentlichen Teile abdeckende Ausführungen zu bieten. Der Praktiker kann sich so mit aktuellen Herausforderungen vertraut machen; der Student – insbesondere der Wirtschafts- oder Rechtswissenschaften – soll dagegen eine komprimierte Vorbereitung auf Prüfungen und Tests erhalten.

Dieses Buch ist entstanden aus über 20 Jahren Vorlesungen und Übungen zum Compliance-Management und zahlreichen Praktiker-Seminaren zum Compliance- und Risiko-Management. Die dort aufgeworfenen Fragen sind als Antwort ebenso in dieses Werk eingeflossen wie die in diesen Veranstaltungen gewonnenen Erfahrungen. Dies soll Garant für leichte Verständlichkeit und auf die Kernpunkte fokussierte Darstellungen sein. Für gezielte Vertiefungen erhält der Leser weiterführende Verweise.

Zur besseren Lesbarkeit (und Vereinfachung des Sprachduktus) wird hier nur eine Form der Geschlechter verwendet, nämlich die männliche. Dabei sind stets alle geschlechtlichen Identitäten mitgemeint.

Den Lesern dieses Buches wünsche ich viel Erfolg bei der Arbeit mit und zur Compliance.

Berlin   Joachim S. Tanski
im Januar 2023

Inhaltsverzeichnis

Über den Autor

Prof. Dr. Joachim S. Tanski ist Professor an der Technischen Hochschule Brandenburg in Brandenburg an der Havel. Neben seinen Hauptfächern des Finanz-, Rechnungs- und Prüfungswesens widmet er sich intensiv der Unternehmensüberwachung und dem Compliance-Management. Er war lange Zeit in der Praxis tätig (u. a. als Geschäftsführer eines Beratungsunternehmens) und ist heute auch als Dozent, Coach und Gutachter tätig.

https://www.th-brandenburg.de/mitarbeiterseiten/fbw/joachim-tanski/
https://de.wikipedia.org/wiki/Joachim_Tanski

Die Begrifflichkeit

1

1.1 Compliance

1.1.1 Compliance als Regeleinhaltung

Der Begriff **Compliance** ist schnell aus dem Englischen abgeleitet. Dort bedeutet „to comply" so viel wie „entsprechen" oder „befolgen", aber auch „einhalten von Regeln oder Auflagen". Das Substantiv „compliance" wird deshalb meistens und sinnvoll mit „Regeleinhaltung" oder „Regeltreue", aber auch „Regelkonformität" übersetzt. Das Verständnis von Compliance im anglo-amerikanischen und von Regeleinhaltung im deutschen Sprachraum ist identisch.

Ist die sprachliche Definition noch einfach und unstrittig, so wird es schwieriger bei der Frage, welche Regeln einzuhalten sind. Da sind zunächst die **Normen** zu nennen, die von externen Institutionen (Staat, Regierung etc.) vorgegeben werden und sich insbesondere in Gesetzen und Verordnungen niederschlagen; aber auch für verbindlich erklärte Standards (z. B. die IFRS in der Rechnungslegung) zählen dazu. Dabei sind Gesetze als Regelung zum Miteinander und Ausgleich von – ggf. widerläufigen – Interessen zu verstehen. Insgesamt können Gesetze bei demokratischer Legitimierung als gesellschaftliche Vereinbarungen angesehen werden.

Ebenfalls in den Bereich der Compliance fällt der weite Bereich von **Anweisungen,** die im weitesten Sinn interne Vorgaben oder intern genehmigte Vereinbarungen darstellen. Rein interne Anweisungen sind beispielsweise Arbeitsplatzbeschreibungen und Arbeitsanweisungen, Prozessregelungen oder Kontierungsrichtlinien. Diese verbindlichen Anweisungen werden von dazu befugten Führungskräften im Unternehmen erstellt oder es werden Standards (z. B. die DIN-ISO oder Verlautbarungen von (Berufs-)Verbänden) freiwillig als eigene,

© Der/die Autor(en), exklusiv lizenziert an Springer Fachmedien Wiesbaden 1
GmbH, ein Teil von Springer Nature 2023
J. S. Tanski, *Compliance-Management*, essentials,
https://doi.org/10.1007/978-3-658-40682-0_1

interne Regelung übernommen. Daneben treten verbindliche Absprachen, insbesondere **Verträge** mit anderen Unternehmen wie z. B. Lieferverträge und Liefer- und Zahlungsbedingungen.

Die vorstehenden Bereiche können als Compliance-Kern angesehen werden, bleiben aber unvollständig ohne Berücksichtigung von Moral und **ethischen Werten.** Gesetze werden nach Auffassung von Gustav Radbruch eingehalten durch einen Glauben an die Legitimität der vom Staat und seinen Organen ausgeübten Herrschaft oder, vorsichtiger ausgedrückt, durch ein häufig eher diffuses, allgemeines Systemvertrauen, das er in dem bekannten Satz „Nur die Moral vermag die verpflichtende Kraft des Rechts zu begründen."[1] zusammenfasst. Es gibt also keine übergesetzliche Grundnorm, die uns zur Einhaltung von Gesetzen zwingen würde oder könnte, es sei denn, man sieht Moral und (Wirtschafts-)Ethik als solche Kraft. Die Bedeutung der Ethik wird u. a. auch in den international verbreiteten COSO-Modellen[2] dargestellt, wo mit dem *control environment* dieser Bereich betont wird. In Deutschland wird über das (wiederbelebte) „Leitbild des Ehrbaren Kaufmanns" *(Honourable Business Person)* in der Präambel des Deutschen Corporate Governance Kodex (DCGK)[3] das ethisch fundierte, eigenverantwortliche Verhalten neben das Prinzip der Legalität gestellt.[4] Für einzelne Branchen oder Bereiche existieren mittlerweile individuelle Ethikkonzepte wie beispielsweise das *Handbook of the International Code of Ethics for Professional Accountants.*[5] Diese drei Bereiche der Compliance sind in Abb. 1.1 zusammengefasst.

Als langfristiger **Nutzen** einer Compliance sind zu nennen:

- Vermeidung einer Bestrafung
- Vermeidung von Verlusten nach Aufdeckung der Tat
- Kundenbindung durch zufriedene Kunden
- Gewinne durch Reputationssteigerung
- Geringere Arbeitsbelastung durch besseres Risikorating von Enforcement-Institutionen
- Geringerer Aufwand durch Entfall von Verschleierungshandlungen

---

[1] Radbruch (2011, S. 47).

[2] Für weitere Informationen s. www.coso.org.

[3] Für weitere Informationen s. www.dcgk.de.

[4] Vgl. Fleischer (2017).

[5] Für weitere Informationen s. www.ethicsboard.org/standards-pronouncements.

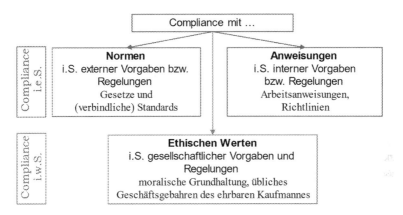

Abb. 1.1 Compliance-Bereiche

Problematisch ist, dass der Nutzen einer Compliance überwiegend im langfristigen bzw. strategischen Bereich festzustellen ist, während kurzfristig nicht nur relativ wenig Nutzen erkennbar ist, dagegen aber **Compliance-Kosten** sowohl durch regeltreue Arbeitsweisen als auch durch Maßnahmen zur Sicherung der Compliance bereits in der Gegenwart entstehen. Neben den direkten finanziellen Vorteilen einer Compliance sind auch die nicht-finanziellen Vorteile (Vermeidung von Reputationsverlusten, haftbedingter Abwesenheiten usw.) zu berücksichtigen.

> **Beispiel**
>
> **Was die zurückgetretene Intendantin des Rundfunks Berlin-Brandenburg (RBB) Patricia Schlesinger Sonntag „persönliche Anwürfe und Diffamierungen" nannte, heißt bei der Staatsanwaltschaft „Verdacht der Untreue und Vorteilsannahme". Der finanzielle Schaden scheint beträchtlich, der moralische und politische unermesslich.[6] ◄**

---

[6] Tagesspiegel Checkpoint vom Dienstag, 09.08.2022, downloadbar unter https://nl.tagess piegel.de/form.action%3FagnCI=875&agnFN=fullview&agnUID=E.B.Nr.DTgq.4p.CFsUl. A.8vGt4x1eRaVT3rf6ZnddH5ZBZn78lyO-wOQxhMdYTIsZLwTpWNugu8Pv1_mFgu SEEoSKKxzHMJwxl2P4CCDb4w&bezuggrd=CHP&utm_source=cp-kurzstrecke.

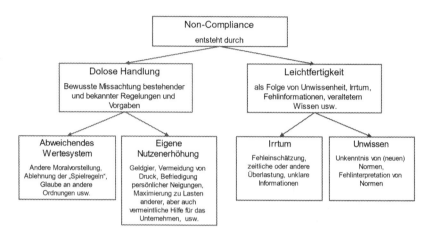

Abb. 1.2 Gründe für Non-Compliance

1.1.2 Non-Compliance als Antipode

Werden Normen und Anweisungen nicht befolgt, so spricht man von **Non-Compliance**. Die Gründe für eine Non-Compliance sind vielfältig und reichen von versehentlichen Verstößen gegen Normen und Anweisungen bis zum willentlichen Brechen von Regeln und Vorgaben. Und nicht zuletzt ist die moralisch-ethische Haltung der handelnden Personen von ausschlaggebender Bedeutung. Für die **Tax Compliance** stellt Prof. Benno Torgler dazu fest: „Complying or not complying is not only a function of opportunity, tax rates and probability of detection, but also the function of an individual's willingness to comply or evade."[7] Eine Übersicht findet sich in Abb. 1.2.

Non-Compliance kann kurzfristige Erfolge bringen, wie beispielsweise:

- Höhere Gewinne durch minderwertigere Rohstoffe als zugesagt
- Geringere Steuerzahlungen durch Steuerhinterziehung
- Erlangung eines Kredits durch Verstecken von (übermäßigen) Schulden
- Günstigere Lohnkosten durch Schwarzarbeit
- Erreichen gewünschter Ziele durch Vernachlässigung von Compliance-Vorgaben

---

[7] Torgler (2007, S. 65).

In einer Studie wird gezeigt, dass die aggressive Vermeidung von Steuern in einem Unternehmen durchaus zu geringeren Kapitalkosten führen kann; gleichzeitig steigen aber auch Risiken, u. a. durch Steuernachzahlung, Strafen usw. und damit steigen u. U. überproportional auch die Kapitalkosten.[8] Prof. Dr. Ulrich Prinz hat dies für das Steuerrecht mit der Aussage „Unternehmensinteressen zwischen Steuermoral, Steuervermeidung und überkomplexer' Steuergesetzgebung"[9] treffend zusammengefasst.

Wegen derartiger, kurzfristiger Erfolgsmöglichkeiten besteht eine besonders hohe Gefahr für mangelnde Regeltreue in Zeiten von – vermeintlichen oder tatsächlichen – Krisen oder bei besonders hohem Druck (z. B. durch überzogen hohe Erwartungen seitens der Unternehmensleitung oder Unternehmensexterner wie Analysten). Die kurzfristige Erfolgsverbesserung durch Compliance-Verstöße wird dann im Zweifel und regelmäßig irrtümlich höher eingeschätzt als die langfristigen Schäden.

Beispiel

Durch den Einbau illegaler Abschalteinrichtungen konnte der VW-Konzern über längere Zeit vermeintlich abgasarme Dieselfahrzeuge verkaufen und dadurch höhere Gewinne erwirtschaften. Bis dahin eine „nutzbringende Non-Compliance". Nach der Aufdeckung kämpfte der Konzern jedoch mit langfristigen Folgeschäden u. a. durch Straf- und Schadenersatzzahlungen sowie Imageverlusten.[10]◄

1.2 Compliance-Management

Es gibt keine allgemeingültige oder gar verbindliche Definition des Compliance-Managements. Weit überwiegend wird unter **Compliance-Management** (auch Compliancemanagement) die Summe aller Maßnahmen i. S. einer Aufbau- und Ablauforganisation zur Förderung und Sicherung – sowie notfalls zur Wiederherstellung – der Compliance in einer Organisation (Unternehmen, Verein, Institution, Behörde usw.) verstanden. Gelegentlich wird in sinngleicher Weise – insbesondere im Finanzbereich – auch der Begriff der **Compliance-Funktion**

---

[8] Vgl. Goh et al. (2016).

[9] Prinz (2022).

[10] Eine Aufsatzsammlung zum Thema findet sich u. a. über https://www.spiegel.de/thema/abgasaffaere_bei_volkswagen/.

(§ 25a Abs. 1 Nr. 3 KWG, § 80 Abs. 13 WpHG, § 7 Nr. 9 VAG) genutzt, wobei dort die Compliance-Funktion in eine besonders enge Beziehung zum Risiko-Controlling innerhalb des **Internen Kontrollsystems** (IKS) gesetzt wird. Für den **Aufbau** und die Funktion des Compliance-Managements existieren zwei grundsätzliche Vorgehensweisen. Zum einen können (fast) alle Aufgaben des Compliance-Managements in einer einheitlichen, in sich geschlossenen und zentralen Abteilung vereint werden, zum anderen können diese Aufgaben auf bereits vorhandene Abteilungen dezentral verteilt werden. Die erste Variante hat zwar den Vorteil eines abgestimmten, konzentrierten und relativ effektiven Ablaufs, führt jedoch zu Doppelarbeiten mit regulären Abteilungen, möglichen Widersprüchlichkeiten, eventuellem Kompetenzgerangel und damit zu relativ hohen Kosten. Die zweite Variante nutzt die Expertise aus existierenden Abteilungen, vermeidet zusätzliche Informationswege und -kosten und benötigt lediglich eine kleine Stabsstelle zur Koordination des Compliance-Managements.

Unabhängig davon, ob das Compliance-Management als eine eigene Abteilung oder als Querschnittsfunktion ausgebildet wird, ist eine Anbindung unmittelbar an die Geschäftsleitung (Vorstand, Geschäftsführer usw.) unverzichtbar. Die Sicherung der Legalität aller Handlungen in einer Organisation ist originäre Aufgabe der Geschäftsleitung, weshalb es eine direkte, zwischenschritt-freie Zuordnung des Compliance-Managements zur Geschäftsleitung geben muss. Ebenso ist die Berichtspflicht eines **Chief Compliance Officers** (CCO) direkt an die Geschäftsleitung wahrzunehmen. Die Berichte des CCO sollten stets auch an die gesamte Geschäftsleitung gehen. Dies ergibt sich zum einen aus der Tatsache, dass die meisten Geschäftsleitungen als Kollegialorgan[11] aufgebaut sind, und zum anderen aus der Möglichkeit einer Haftung aller Mitglieder der Geschäftsleitung[12] auch dann, wenn beispielsweise ein Vorstandsmitglied eine ausdrückliche Zuständigkeit für Compliance-Fragen hat.

Nach einer Studie (vgl. Abb. 1.3) wird diese Vorgabe in der Praxis auch recht gut umgesetzt. So berichten mehr als dreiviertel aller CCO an den Vorstand. Dabei ist kritisch zu sehen, dass in vielen Fällen nur an einzelne Mitglieder der Unternehmensleitung berichtet wird, so dass die anderen Leitungsmitglieder vom – schlimmstenfalls gestörten – Informationsfluss innerhalb der Leitung abhängig sind. Besonders kritisch sind Anbindungen des CCO unterhalb der obersten Leitungsebene zu sehen.

Niemand gibt sein Geld gerne für Dinge wie Versicherungen, Steuern, Gebühren oder die Einhaltung von Vorschriften aus. Diese Kosten sind gefühlt nicht

---

[11] Zur Gesamtgeschäftsführung bei einer Aktiengesellschaft s. § 77 Abs. 1 AktG.

[12] Vgl. Buck-Heeb (2019).

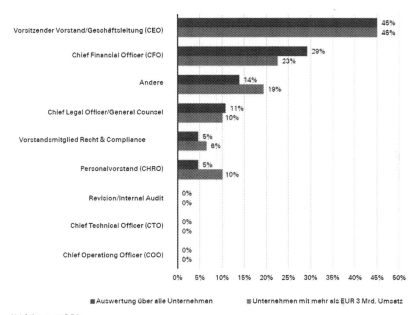

Abb. 1.3 Berichtslinien des Chief Compliance Officers[13]

für eine gute Kapitalrendite (ROI) nützlich. Aber die Zahlung von **Compliance-Kosten** (z. B. Personalkosten, Sachkosten) ist eine gute Investition, die nicht aufgeschoben oder verhindert werden darf. Diese Kosten entstehen durch die Einhaltung zahlreicher Anforderungen, die ständige Reaktion auf Audits, die Sicherung des immer komplexer werdenden Unternehmens und die daraus resultierende Unmenge an Tools und Tabellen, um mit all dem Schritt zu halten. Deshalb muss man unbedingt verstehen, woher die aktuellen Kosten kommen, wie man sie nutzenerhöhend optimiert und wie man sie am besten kontrolliert, damit später nicht die – meistens deutlich höheren – Kosten für einen Compliance-Verstoß zu zahlen sind.

---

[13] KPMG (2022, S. 24).

Beispiel: Mängel im Compliancesystem

Kriminelle Abzocke dreier Fondsmanager der Alliance-Tochter Alliance Global Investors (AGI) riefen das Justizministerium und die Börsenaufsicht in den USA auf den Plan. Die Einigung mit den Behörden kostete die Alliance fast sechs Milliarden Euro.[14] ◄

Für eine effektive Behandlung aller compliance-relevanten Fragestellungen und Problemlagen ist eine angemessene **Personalausstattung** unerlässlich. Auch bei einer dezentralen Organisation des Compliance-Managements ist dies unbedingt zu beachten. Werden bestehenden Abteilungen die Compliance-Aufgaben als Add-on übergestülpt, ist ein Scheitern vorprogrammiert.

Für den Fall der Fälle, dass eine offizielle Untersuchung nach einem Compliance-Verstoß notwendig wird, hat die strafrechtliche Abteilung des U.S. Department of Justice (DOJ) den Leitfaden „Evaluierung von Compliance-Programmen" herausgegeben. Dieses Dokument soll Staatsanwälten dabei helfen, fundierte Entscheidungen darüber zu treffen, ob und in welchem Umfang das Compliance-Programm des Unternehmens zum Zeitpunkt der Straftat wirksam war und zum Zeitpunkt einer Entscheidung über die Anklageerhebung oder eines Beschlusses wirksam ist. Dieser Leitfaden kann gleichzeitig im Unternehmen auch als Wegleitung für den Aufbau eines Compliance-Managements genutzt werden. Die dort genannten drei Kernfragen sind[15]:

1. „Ist das Compliance-Programm des Unternehmens gut konzipiert?"
2. „Wird das Programm ernsthaft und in gutem Glauben angewendet? " Mit anderen Worten: Ist das Programm mit ausreichenden Mitteln und Befugnissen ausgestattet, um effektiv zu funktionieren?
3. „Funktioniert das Compliance-Programm des Unternehmens in der Praxis?"

---

[14] Maier und Zdrzalek (2022, S. 16).

[15] U.S. Department of Justice, Criminal Division, Evaluation of Corporate Compliance Programs (Updated June 2020), downloadbar unter https://www.justice.gov/criminal-fraud/page/file/937501/download.

Regelungen zum Compliance-Management

2

2.1 Gesetzliche Normen

2.1.1 Legalitätspflicht der Geschäftsleitung

Dass Gesetze und andere Regeln einzuhalten sind, lernen die meisten Menschen bereits in frühen Kindesjahren. Dies ist kulturelles Wissen, denn eine irgendwie geartete Über- oder Metanorm, die zur Einhaltung von Gesetzen etc. anhalten würde, existiert nicht. So entsteht ein gewisser Zwang zur Beachtung von Normen – neben dem moralisch-ethischen Anspruch – nur durch die in vielen Normen für den Fall der Regelignoranz enthaltenen Sanktionsregeln. Da Unternehmen als abstrakte Person weder ein eigenes kulturelles Wissen noch einen eigenen moralisch-ethischen Anspruch haben, wurde für die Organe juristischer Personen das Institut einer Legalitätspflicht als „Kern der Sorgfaltspflicht"[1] konstruiert.

Diese **Legalitätspflicht** wird nach einem frühen BGH-Urteil für den GmbH-Geschäftsführer aus der durch diesen anzuwendenden „Sorgfalt eines ordentlichen Geschäftsmannes" (§ 43 Abs. 1 GmbHG) und für den AG-Vorstand aus der bei seiner Geschäftsführung anzuwendenden „Sorgfalt eines ordentlichen und gewissenhaften Geschäftsleiters" (§ 93 Abs. 1 S. 1 AktG) abgeleitet.[2] Danach können Verstöße gegen die Legalitätspflicht auch nicht mit einer Nützlichkeit oder Profitabilität des Verstoßes begründet werden (im Urteilsfall ging es um die Einrichtung schwarzer Kassen für „nützliche Aufwendungen").[3] Es bleibt aber auch

---

[1] Koch (2022) § 93, Rn. 9.

[2] Für andere Rechtsformen bestehen vergleichbare Anforderungen, so z. B. in § 34 Abs. 1 GenG.

[3] BGH, Urteil v. 27.08.2010, 2 StR 111/09, NJW 2010, S. 3458 m. w. N.

© Der/die Autor(en), exklusiv lizenziert an Springer Fachmedien Wiesbaden GmbH, ein Teil von Springer Nature 2023
J. S. Tanski, *Compliance-Management*, essentials,
https://doi.org/10.1007/978-3-658-40682-0_2

mit Bezug auf diese Normen offen, wie diese Legalitätspflicht auszugestalten ist. Die Legalitätspflicht ist aber auf jeden Fall eine originäre Aufgabe der Unternehmensleitung. Gleichwohl kann regelmäßig eine **Delegation** einzelner Aufgaben erfolgen unter Beibehaltung einer Überwachungs- und Kontrollpflicht (ggf. unter Einbindung der **Internen Revision**) bei der Unternehmensleitung.

Weitergehend hat dann das LG München[4] im Siemens-Neubürger-Fall die Einrichtung eines Compliance-Managements gefordert: „Im Rahmen dieser Legalitätspflicht darf ein Vorstandsmitglied somit zum einen bereits keine Gesetzesverstöße anordnen. Zum anderen muss ein Vorstandsmitglied aber auch dafür Sorge tragen, dass das Unternehmen so organisiert und beaufsichtigt wird, dass keine derartigen Gesetzesverletzungen stattfinden."An anderer Stelle wird dann ausgeführt: „Entscheidend für den Umfang im Einzelnen sind dabei Art, Größe und Organisation des Unternehmens, die zu beachtenden Vorschriften, die geografische Präsenz wie auch die Verdachtsfälle aus der Vergangenheit". Das eröffnet einen weiten Interpretationsspielraum.

Die Legalitätspflicht fordert also nicht direkt die Einrichtung eines Compliance-Managements, es sei denn, dass eine – ggf. partielle Anforderung – in einigen Gesetzen (z. B. § 25a KWG) besteht. Es bleibt der Unternehmensleitung weitestgehend freigestellt, wie sie der Verpflichtung zur Einhaltung von Gesetzen nachkommt. Solange keine Gesetzesverstöße geschehen, stellt das Fehlen eines expliziten Compliance-Managements keinen Verstoß gegen die Legalitätspflicht dar. Dennoch darf keinesfalls übersehen werden, dass die Rechtsfolgen eines fehlenden oder mangelhaften Compliance-Managements gravierend sein können, wenn Compliance-Verstöße auftreten.

Die Verpflichtung des Geschäftsführers einer GmbH aus § 43 Abs. 1 GmbHG, dafür zu sorgen, dass sich die Gesellschaft rechtmäßig verhält und ihren gesetzlichen Verpflichtungen nachkommt, besteht grundsätzlich nur gegenüber der Gesellschaft, also nur im **Innenverhältnis,** nicht hingegen im Verhältnis zu außenstehenden Dritten.[5] Anderes kann etwa im Rahmen des § 311 Abs. 3 BGB oder dann gelten, wenn der Geschäftsführer im primär für die GmbH abgeschlossenen Vertrag auch persönlich Pflichten übernommen hat, er insoweit also in eigenem Namen gehandelt hat und damit auch selbst Vertragspartner geworden ist.

---

[4] LG München I, Urteil v. 10.12.2013, 5HK O 1387/10, https://openjur.de/u/682814.html.
[5] BGH, Urteil v. 07.05.2019, VI ZR 512/17, DB 2019 S. 1622 Nr. 29-.

2.1.2 Aktienrechtliche Vorgaben

Im geltenden Recht gibt es eine Pflicht für kapitalmarktorientierte Kapitalgesell-schaften, im Lagebericht die wesentlichen Merkmale des **internen Kontroll- und des Risikomanagementsystems** im Hinblick auf den Rechnungslegungsprozess zu beschreiben (§ 289 Abs. 4 HGB). Über wesentliche Schwächen dieser Systeme bezogen auf den Rechnungslegungsprozess hat der Abschlussprüfer dem Aufsichtsrat gemäß § 171 Abs. 1 S. 2 AktG zu berichten. Eine explizite gesetzliche Pflicht zur Einrichtung solcher Systeme gab es bis 2021 jedoch nicht; sie ergibt sich weder aus § 289 Abs. 4 HGB noch aus § 107 Abs. 3 S. 2 AktG, der lediglich die Aufgaben des Prüfungsausschusses beschreibt.

Mit der Einführung des § 93 Abs. 3 AktG durch das **Finanzmarktintegritätsstärkungsgesetz** (FISG) am 01.07.2021, der – da es sich um eine an den Vorstand als Organ gerichtete Regelung handelt – in § 91 AktG und nicht in § 93 AktG erfolgte, wird deshalb ausdrücklich eine gesetzliche **Pflicht** zur Einrichtung sowohl eines angemessenen und wirksamen internen **Kontrollsystems** als auch eines entsprechenden **Risikomanagementsystems** für börsennotierte Aktiengesellschaften festgelegt.[6] Auch der Deutsche Corporate Governance Kodex greift in seinem vierten Grundsatz auf, dass es für einen verantwortungsvollen Umgang mit den Risiken der Geschäftstätigkeit eines geeigneten und wirksamen internen Kontroll- und Risikomanagementsystems bedarf.[7]

Auch wenn es sich also um eine seit 2021 neue gesetzliche Pflicht handelt, ist – vor dem Hintergrund der sich aus § 93 Abs. 1 S. 1 AktG ergebenden Organisationspflichten der Vorstandsmitglieder – bereits nach altem Recht davon auszugehen, dass diese Pflichten insbesondere bei kapitalmarktorientierten Gesellschaften im Regelfall die Einrichtung von Kontroll- und Risikomanagementsystemen verlangten. Dies ist besonders in jenen Gesellschaften zu beachten, die als nicht-börsennotierte Gesellschaft nicht vom neuen § 91 Abs. 3 AktG betroffen sind.

Das **Interne Kontrollsystem** (IKS) umfasst die Grundsätze, Verfahren und Maßnahmen zur Sicherung der Wirksamkeit und Wirtschaftlichkeit der Geschäftsprozesse, zur Sicherung der Ordnungsmäßigkeit der Rechnungslegung sowie zur Sicherung der Einhaltung der maßgeblichen rechtlichen Vorschriften.

---

[6] Vgl. Regierungsentwurf eines Gesetzes zur Stärkung der Finanzmarktintegrität (Finanzmarktintegritätsstärkungsgesetz – FISG) v. 24.02.2021, BT-Drucksache 19/26.966 (https://dserver.bundestag.de/btd/19/269/1926966.pdf), S. 115 f.

[7] Der Kodex ist abrufbar unter https://www.dcgk.de/de/kodex.html; zum Kodex siehe unten.

In seiner Ausprägung ist das interne Kontrollsystem im Grundsatz gegenwartsorientiert. Zum internen Kontrollsystem im Hinblick auf die Geschäftsprozesse einschließlich des Rechnungslegungsprozesses gehört auch die **Interne Revision.**[8]

Risikomanagement wird durch COSO wie folgt definiert: „Unternehmensweites Risikomanagement ist ein Prozess, ausgeführt durch Überwachungs- und Leitungsorgane, Führungskräfte und Mitarbeiter einer Organisation, angewandt bei der Strategiefestlegung sowie innerhalb der Gesamtorganisation, gestaltet um die die Organisation beeinflussenden, möglichen Ereignisse zu erkennen, und um hinreichende Sicherheit bezüglich des Erreichens der Ziele der Organisation zu gewährleisten."[9] Das Risikomanagement dient der Erreichung des Ziels „Regeleinhaltung" (neben strategischen Zielen, betrieblichen Zielen und Berichterstattung) und damit der Sicherung der Compliance.

Das interne Kontrollsystem (IKS) und das Risikomanagementsystem müssen angemessenen und wirksam sein (§ 91 Abs. 3 AktG)[10].

- **Angemessen** bedeutet in diesem Zusammenhang, dass das System „im Hinblick auf den Umfang der Geschäftstätigkeit und die Risikolage des Unternehmens" einen ausreichenden Umfang der Steuerung und Überwachung bietet, um Fehler, Unwirtschaftlichkeiten und Rechtsverstöße jeglicher Art zu erkennen und – möglichst – abzufangen. Zudem muss es konsistent implementiert sein. Im Hinblick auf die Rechnungslegung ist das IKS so zu gestalten, dass wesentliche Risiken materieller Falschdarstellungen verhindert oder zumindest abgeschwächt werden.
- **Wirksam** ist es dann, wenn es nachweislich kontinuierlich über einen Zeitraum – seine Aufgaben erfüllend – funktioniert. Die Festlegung, dass es sich jeweils um ein wirksames System handeln muss, bedeutet indes nicht, dass, falls sich bestimmte Risiken verwirklichen, daraus zwingend auf die nicht vorhandene Wirksamkeit des Systems geschlossen werden kann. „Wirksam" i. S. d. Vorschrift ist ein System viel mehr bereits dann, wenn es zur Aufdeckung, Steuerung und Bewältigung aller wesentlichen Risiken geeignet ist.

---

[8] Vgl. BT-Drucksache 16/10.067 v. 30.07.2008 (BilMoG), S. 77.

[9] COSO (Hrsg.): Unternehmensweites Risikomanagement – Übergreifendes Rahmenwerk, September 2004, S. 2, downloadbar unter https://www.coso.org/Documents/COSO-ERM-Executive-Summary-German.pdf.

[10] Vgl. Bartuschka (2022).

Das interne Kontroll- und Risikomanagementsystem des § 91 Abs. 3 AktG geht also weit über die Anforderung des § 91 Abs. 2 AktG hinaus, der lediglich die Einrichtung eines Früherkennungssystems hinsichtlich bestandsgefährdender Entwicklungen verlangt. Allerdings sind von der gesetzlichen Anforderung eines Früherkennungssystems alle Aktiengesellschaften betroffen, während § 91 Abs. 3 formal nur börsennotierte Gesellschaften betrifft. Das Überwachungssystem nach § 91 Absatz 2 AktG deckt damit nach Auffassung des Gesetzgebers lediglich einen Teil des Umfangs eines umfassenden Risikomanagementsystems ab. Wenn der Vorstand einer börsennotierten Gesellschaft aufgrund der neuen Regelung in § 91 Abs. 3 AktG seiner Pflicht zur Einrichtung eines angemessenen und wirksamen Risikomanagementsystems nachkommt, wird er damit in der Regel auch seiner Verpflichtung aus § 91 Abs. 2 AktG nachkommen, so dass sich die gesonderte Einrichtung eines solchen Überwachungssystems erübrigt.[11]

Das Aktienrecht hat noch weitere Regelungen, die zwar nicht direkt ein Compliance-Management erzwingen, jedoch ein solches fördern. Dazu zählen:

- § 107 Abs. 3 AktG: Zu den gesetzlichen Aufgaben eines durch den Aufsichtsrat bestellten **Prüfungsausschusses** zählen u. a. die Befassung mit der Überwachung des Rechnungslegungsprozesses, der Wirksamkeit des internen Kontrollsystems, des Risikomanagementsystems und des internen Revisionssystems. Damit hat sich ein Prüfungsausschuss mit Kernfragen eines Compliance-Managements zu beschäftigen, dazu kann er Empfehlungen oder Vorschläge zur Gewährleistung der Integrität des Rechnungslegungsprozesses unterbreiten. Einschränkend ist zu erwähnen, dass es keine gesetzliche Pflicht zur Einrichtung eines Prüfungsausschusses gibt, es sei denn, es handelt sich um Unternehmen von öffentlichem Interesse (PIE) nach § 316a S. 2 HGB (§ 107 Abs. 4 S. 1 und 2 AktG). Ebenso wenig muss der Aufsichtsrat oder der Prüfungsausschuss zwingend ein Compliance-Management beim Vorstand einfordern. Besteht die Verpflichtung für ein Compliance-Management jedoch aufgrund von § 91 Abs. 3 AktG, müssen sich Aufsichtsrat bzw. Prüfungsausschuss mit der Frage, ob die gesetzlichen Mindestanforderungen eingehalten sind, befassen.
- § 161 Abs. 1 AktG: „Vorstand und Aufsichtsrat der börsennotierten Gesellschaft erklären jährlich, dass den vom Bundesministerium der Justiz und für Verbraucherschutz im amtlichen Teil des Bundesanzeigers bekannt gemachten

---

[11] Vgl. Regierungsentwurf eines Gesetzes zur Stärkung der Finanzmarktintegrität (Finanzmarktintegri-tätsstärkungsgesetz – FISG) v. 16.12.2020, S. 135; ebenso Grundsatz 5, S. 2 des Deutschen Corporate Governance Kodex.

Empfehlungen der ‚Regierungskommission Deutscher Corporate Governance Kodex' entsprochen wurde und wird oder welche Empfehlungen nicht angewendet wurden oder werden und warum nicht." Diese Vorschrift wird auch kurz als **Comply-or-explain-Regel** bezeichnet, weil entweder der Kodex eingehalten wird oder eine Nicht-Einhaltung zu erläutern ist. Bedeutsam ist diese Norm hier durch die Kodex-Vorgabe, dass der Vorstand für die Einhaltung der gesetzlichen Bestimmungen und der internen Richtlinien zu sorgen hat und auf deren Beachtung im Unternehmen hinwirkt (Compliance) (Grundsatz 5, S. 1 des Kodex von 2022[12]). Bei kapitalmarktorientierten Aktiengesellschaften ist die Erklärung gemäß § 161 AktG in die **Erklärung zur Unternehmensführung** im Lagebericht aufzunehmen (§ 289 f. Abs. 2 Nr. 1 HGB).

2.1.3 Handelsrechtliche Vorgaben

Abseits von Spezialgesetzen finden sich die meisten Compliance-bezogenen Regelungen im Gesellschaftsrecht. Obwohl im Handelsgesetzbuch keine direkten Vorgaben für die Einrichtung eines Compliance-Managements existieren, sind dennoch dazu einige Normen zu beachten:

- § 264 Abs. 2 S. 3 HGB: Weiterhin müssen die gesetzlichen Vertreter einer Kapitalgesellschaft den sog. **Bilanzeid** leisten. Voraussetzung ist, dass die Kapitalgesellschaft Inlandsemittent i. S. des § 2 Abs. 7 WPHG des Wertpapierhandelsgesetzes und keine Kapitalgesellschaft i. S. des § 327a HGB ist. Beim Bilanzeid ist – im Anhang – schriftlich zu versichern, dass nach bestem Wissen der Jahresabschluss ein den tatsächlichen Verhältnissen entsprechendes Bild i. S. des § 246 Abs. 2 S. 1 HGB vermittelt oder der Anhang die Angaben nach § 256 Abs. 2 S. 2 HGB enthält. Die Abgabe des Bilanzeids hat bei Unterzeichnung des Jahresabschlusses i. S. des § 245 HGB zu erfolgen. Eine fehlerhafte Abgabe eines Bilanzeids ist nach § 331 Nr. 3a HGB strafbewehrt.
- § 289 Abs. 2 Nr. 1 Buchst. a HGB: Im Lagebericht ist auch einzugehen auf die Risikomanagementziele und -methoden der Gesellschaft einschließlich ihrer Methoden zur Absicherung aller wichtigen Arten von Transaktionen, die im Rahmen der Bilanzierung von Sicherungsgeschäften erfasst werden; soweit sich diese Ziele auf das Compliance-Management beziehen, ist hier darüber zu berichten.

---

[12] Der Kodex ist abrufbar unter https://www.dcgk.de/de/kodex.html.

- § 289 Abs. 4 HGB: Kapitalmarktorientierte Kapitalgesellschaften müssen in einem **Risikobericht** innerhalb des Lageberichts die wesentlichen Merkmale des internen Kontroll- und Risikomanagementsystems im Hinblick auf den Rechnungslegungsprozess beschreiben.
- § 289c Abs. 3 Nr. 4 HGB: Im Rahmen der **nicht-finanziellen Berichterstattung** ist auf Risiken aus der Geschäftstätigkeit der Kapitalgesellschaft einzugehen, die sich u. a. aus Umwelt- und Sozialbelangen ergeben. Hier muss auch über Compliance-Risiken in diesen Bereichen berichtet werden.[13]
- § 289 f. Abs. 2 Nr. 2 HGB: In die Erklärung zur Unternehmensführung sind aufzunehmen relevante Angaben zu **Unternehmensführungspraktiken,** die über die gesetzlichen Anforderungen hinaus angewandt werden, nebst Hinweis, wo sie öffentlich zugänglich sind. Dies kann beispielsweise Hinweise zur freiwilligen Anwendung von Standards und Empfehlungen zum Compliance-Management umfassen.
- § 289 f. Abs. 2 Nr. 3 HGB: Eine Beschreibung der **Arbeitsweise** von Vorstand und Aufsichtsrat sowie der Zusammensetzung und Arbeitsweise von deren Ausschüssen ist ebenfalls für die Erklärung zur Unternehmensführung vorgeschrieben. Hier sollte beschrieben werden, ob und in welcher Weise sich Vorstand und Aufsichtsrat mit Fragen zur Compliance beschäftigen.

Bei den vorgenannten Pflichten handelt es sich weitgehend „nur" um Publizitätspflichten[14], jedoch muss die negative Wirkung auf den Berichtsadressaten bedacht werden, die entsteht, wenn hier in unzureichender Weise berichtet wird bzw. kundgetan wird, dass Risiko- und Compliance-Fragen nicht ausreichend adressiert werden. Eine Prüfungspflicht der gemachten Aussagen ergibt sich aus § 317 Abs. 2 HGB für den Wirtschaftsprüfer im Hinblick auf den Lagebericht und aus § 171 Abs. 1 AktG für den Aufsichtsrat im Hinblick auf den nicht-finanziellen Bericht.

2.1.4 Aufsichtspflichtverletzung als Ordnungswidrigkeit

Gerne wird auch auf § 130 OWiG verwiesen, wenn es um die Begründung für ein Compliance-Management geht. Tatsächlich wird durch diese Norm jedoch kein ausdrückliches Compliance-Management gefordert, sondern lediglich für

---

[13] Zu diesem und den folgenden Punkten vgl. Sayar (2021).

[14] In der Praxis ist leider zu beobachten, dass hier gerne beschönigende und aufbauschende Formulieren gewählt werden.

den Fall einer straf- oder bußgeldbewehrten Handlung bei fehlender Aufsicht eine Ordnungswidrigkeit begründet. Solange es zu keiner Fehlhandlung kommt, kann aus fehlender Aufsicht alleine keine Ordnungswidrigkeit entstehen, denn erst die aufgetretene Fehlhandlung ist ein Indiz für eine Ordnungswidrigkeit. Ziel des § 130 OWiG ist die Vermeidung von straf- oder bußgeldbewehrten Zuwiderhandlungen durch Angestellte im Unternehmen. Der Unternehmer bzw. Betriebsinhaber ist selbst nicht der Zuwiderhandelnde und kann deshalb nicht aus der Zuwiderhandlung selbst bestraft werden. Die Tathandlung ist ein Unterlassen der erforderlichen **Aufsichtsmaßnahmen,** um die Zuwiderhandlung zu verhindern oder wesentlich zu erschweren. Der Täter der Unterlassung von Aufsichtsmaßnahmen ist der Unternehmer bzw. Betriebsinhaber; dieser Personenkreis wird durch die §§ 9 und 30 OWiG erweitert (vgl. Abb. 2.1). Die Ordnungswidrigkeit kann, wenn die Pflichtverletzung mit Strafe bedroht ist, mit einem **Bußgeld** bis zu einer Million Euro geahndet werden (§ 130 Abs. 3 OWiG).

Voraussetzung ist, dass die Zuwiderhandlung durch eine Aufsicht verhindert oder wesentlich erschwert worden wäre. Zu den erforderlichen Aufsichtsmaßnahmen zählen Leitungs- und Koordinationspflichten, Kontrollpflichten und Organisationspflichten; ebenso gehören auch die Bestellung, sorgfältige Auswahl und Überwachung von Aufsichtspersonen dazu.

Beispiel

Die Pflicht zur Sicherung der Ladung eines Kraftfahrzeuges gem. § 22 StVO trifft neben den Fahrer und den Halter auch jede andere für die Ladung eines Fahrzeuges verantwortliche Person. Allerdings ist ein GmbH-Geschäftsführer innerhalb des Unternehmens regelmäßig nicht selbst für die

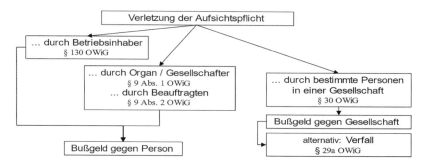

Abb. 2.1 Personen, die Täter einer unterlassenen Aufsicht sein können

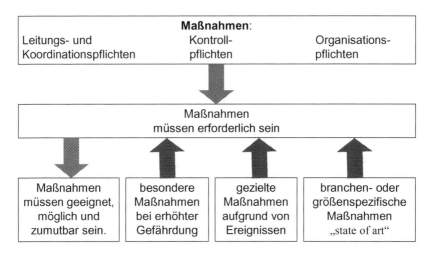

Abb. 2.2 Erforderliche Maßnahmen nach § 130 OWiG

Verladung zuständig, vielmehr ist er zuständig für die betriebliche Organisation im Zusammenhang mit der Verladetätigkeit. Wenn er in dieser Funktion die erforderlichen Aufsichtsmaßnahmen für die Kontrolle der Verladungen unterlässt, verhält er sich deshalb nach § 130 OWiG ordnungswidrig.[15] ◄

Die Aufsichtsmaßnahmen müssen geeignet, möglich und zumutbar sein. Es ist also nicht jede nur denkbare Maßnahme zu ergreifen, sondern nur erforderliche Maßnahmen sind anzuwenden. Ein höheres Maß der Erforderlichkeit gilt jedoch bei erhöhter Gefährdung oder nach bereits stattgefundenen Ereignissen. Bei zwischenbetrieblichen Vergleichen ist zu beachten, dass branchen- oder größenspezifische Maßnahmen erforderlich sein können (vgl. Abb. 2.2).

Beispiel

Das OLG Köln verurteilte die Inhaberin einer Trinkhalle wegen Verletzung ihrer Aufsichtspflicht gemäß § 130 OWiG zu einer Geldbuße. Die Inhaberin erteilte ihren Mitarbeitern die Weisung, keinen Alkohol an Jugendliche zu verkaufen. Trotz mehrfacher Anweisung kam es zu Verstößen durch ihre Mitarbeiter. Das OLG Köln begründet seine Entscheidung damit, dass eine

---

[15] OLG Celle, Beschluss v. 28.02.2007, 322 Ss 39/07, openJur 2012, 45.446.

Zuwiderhandlung hier nicht erschwert wurde – oder gar versucht wurde, zu verhindern. Eine bloße Anweisung reicht nicht aus. So lautet es im Urteil, der Inhaber eines Betriebes „darf nichts unversucht lassen, um erkannten oder erkennbaren Zuwiderhandlungsverfahren entgegenzuwirken. Bleibt er gegenüber derartigen Gefahren untätig und kommt es demnach zu einer konkreten Zuwiderhandlung, so erweist sich diese als Realisierung des nicht bekämpften Gefahrkomplexes."[16] ◄

2.1.5   Lieferkettensorgfaltspflichtengesetz

Seit 2023 ist durch das Gesetz über die unternehmerischen Sorgfaltspflichten zur Vermeidung von Menschenrechtsverletzungen in **Lieferketten** (Lieferkettensorgfaltspflichtengesetz – LkSG) eine weitere Compliance-Pflicht auf sehr viele Unternehmen zugekommen. Durch dieses Gesetz werden in der Bundesrepublik Deutschland ansässige Unternehmen ab einer bestimmten Größe verpflichtet, ihrer Verantwortung in der Lieferkette in Bezug auf die Achtung international anerkannter Menschenrechte durch die Implementierung der Kernelemente der menschenrechtlichen Sorgfaltspflicht besser nachzukommen. Dadurch sollen zum einen die Rechte der von Unternehmensaktivitäten betroffenen Menschen in den Lieferketten gestärkt, zum anderen den legitimen Interessen der Unternehmen an Rechtssicherheit und fairen Wettbewerbsbedingungen Rechnung getragen werden.[17]

Gem. § 3 Abs. 1 LkSG sind Unternehmen dazu verpflichtet, in ihren Lieferketten die festgelegten menschenrechtlichen und umweltbezogenen Sorgfaltspflichten in angemessener Weise zu beachten mit dem Ziel, menschenrechtlichen oder umweltbezogenen Risiken vorzubeugen oder sie zu minimieren oder die Verletzung menschenrechtsbezogener oder umweltbezogener Pflichten zu beenden. Diese Sorgfaltspflichten beinhalten einen konkreten Aufgabenkreis, der sich insgesamt als lieferketten-bezogenes Compliance-Management darstellt[18]:

1. die Einrichtung eines Risikomanagements (§ 4 Abs. 1 LkSG),
2. die Festlegung einer betriebsinternen Zuständigkeit (§ 4 Abs. 3 LkSG),
3. die Durchführung regelmäßiger Risikoanalysen (§ 5 LkSG),
4. die Abgabe einer Grundsatzerklärung (§ 6 Abs. 2 LkSG),

---

[16] OLG Köln, Urteil v. 29.01.2010, III-1 RBs 24/10, openJur 2011, 70.799.

[17] Gesetzentwurf der Bundesregierung, BT- Drucksache 19/28.649 v. 19.04.2021, S. 2.

[18] Für einen Überblick vgl. Würz/Birker (2022).

5. die Verankerung von Präventionsmaßnahmen im eigenen Geschäftsbereich (§ 6 Abs. 1 und 3 LkSG) und gegenüber unmittelbaren Zulieferern (§ 6 Abs. 4 LkSG),

6. das Ergreifen von Abhilfemaßnahmen (§ 7 Abs. 1 bis 3 LkSG),

7. die Einrichtung eines Beschwerdeverfahrens (§ 8 LkSG),

8. die Umsetzung von Sorgfaltspflichten in Bezug auf Risiken bei mittelbaren Zulieferern (§ 9 LkSG) und

9. die Dokumentation (§ 10 Abs. 1 LkSG) und die Berichterstattung (§ 10 Abs. 2 LkSG).

Von besonderer Bedeutung für das Compliance-Management sind dabei die ersten drei Aufgaben für das Unternehmen, auch wenn der Begriff „Compliance" im Gesetzestext nicht ausdrücklich genannt ist. Lediglich in der Gesetzesbegründung zur Festlegung einer betriebsinternen Zuständigkeit nach § 4 Abs. 3 LkSG wird die Verankerung dieser Zuständigkeit „etwa im Vorstand, in der Compliance-Abteilung oder im Einkauf"[19] erwähnt.

2.1.6 Sonstige Regelungen

Werden Aufträge durch öffentliche Auftraggeber erteilt, so werden Aufträge gem. § 97 Abs. 4 GWB an fachkundige, leistungsfähige sowie gesetzestreue und zuverlässige Unternehmen vergeben. Zur Einhaltung dieser Bestimmung können Auftraggeber **Präqualifikationssysteme** einrichten oder zulassen, mit denen die Eignung von Unternehmen nachgewiesen werden kann (§ 97 Abs. 4a GWB). Dem non-complianten Unternehmen droht also der Ausschluss von öffentlichen Aufträgen. Kein Ausschluss von einem Vergabeverfahren erfolgt, wenn der Auftragnehmer konkrete technische, organisatorische und personelle Maßnahmen ergriffen hat, die geeignet sind, weitere Straftaten oder weiteres Fehlverhalten zu vermeiden (§ 125 Abs. 1 Nr. 3 GWB). Die Einrichtung einer Compliance-Organisation kann also zu öffentlichen Aufträgen verhelfen.

Bei **Kreditinstituten** bestehen branchenbezogene Compliance-Anforderungen. So muss die Geschäftsorganisation eines Kreditinstitutes insbesondere ein angemessenes und wirksames Risikomanagement umfassen (§ 25a Abs. 1 KWG), wozu die Einrichtung interner Kontrollverfahren mit einem internen Kontrollsystem und einer Internen Revision gehören (§ 25a Abs. 1 Nr. 3 KWG); das interne Kontrollsystem umfasst insbesondere eine

---

[19] Gesetzentwurf der Bundesregierung, BT- Drucksache 19/28.649 v. 19.04.2021, S. 43.

Risikocontrolling-Funktion und eine **Compliance-Funktion** (§ 25a Abs. 1 Nr. 3 Buchst. c KWG). Ebenso verweisen §§ 80 Abs. 13 und 87 Abs. 5 WPhG auf die Compliance-Funktion und § 81 Abs. 4 WPhG auf den **Compliance-Bericht.** Auch bei **Versicherungsunternehmen** muss das interne Kontrollsystem über eine Funktion zur Überwachung der Einhaltung der Anforderungen (Compliance-Funktion) verfügen (§ 29 Abs. 1 VAG). Zu den Aufgaben der Compliance-Funktion gehört die Beratung des Vorstands in Bezug auf die Einhaltung der Gesetze und Verwaltungsvorschriften, die für den Betrieb des Versicherungsgeschäfts gelten. Außerdem hat die Compliance-Funktion die möglichen Auswirkungen von Änderungen des Rechtsumfeldes für das Unternehmen zu beurteilen und das mit der Verletzung der rechtlichen Vorgaben verbundene Risiko (Compliance-Risiko) zu identifizieren und zu beurteilen § 29 Abs. 2 VAG).

Das Gesetz über das Aufspüren von Gewinnen aus schweren Straftaten (Geldwäschegesetz – GwG) verlangt das Identifizieren und Anzeigen von Vorgängen der Geldwäsche i. S. des § 261 StGB und der Terrorismusfinanzierung (§ 1 GwG). Dazu sind nicht nur Finanzunternehmen sondern eine lange Reihe anderer Unternehmen, Dienstleister und Freiberufler verpflichtet (§ 2 GwG).[20] Ein zentraler Baustein ist die **Geldwäscheprävention.** Die Verpflichteten müssen zur Verhinderung von Geldwäsche und von Terrorismusfinanzierung über ein wirksames **Risikomanagement** verfügen, das im Hinblick auf Art und Umfang ihrer Geschäftstätigkeit angemessen ist (§ 4 GwG). Dieses umfasst eine Risikoanalyse nach § 5 GwG sowie interne Sicherungsmaßnahmen i. S. eines **Internen Kontrollsystems** nach § 6 GwG.

Nicht nur national finden sich viele Compliance-Anforderungen auch im **Wettbewerbs-** und **Marktrecht.** Für Deutschland ist hier das Gesetz gegen unlauteren Wettbewerb (UWG) und für das Kartellrecht das Gesetz gegen Wettbewerbsbeschränkungen (GWB) zu nennen. Beide Rechtsbereiche betreffen nicht nur – wie immer wieder vermutet – Großunternehmen, sondern durchaus auch mittelständische Unternehmen.

Beispiel

Google wurde zur Zahlung von 60 Mio. australischen Dollar (42 Mio. €) verurteilt, um die von der australischen Wettbewerbsbehörde erhobenen Vorwürfe auszuräumen, dass das Unternehmen seine australischen Kunden

---

[20] Vgl. Bausch und Voller (2020).

darüber getäuscht hat, wie sie der Erfassung ihrer persönlichen Standortdaten widersprechen können.[21] ◄

Eine Reihe von Compliance-Anforderungen ergibt sich auch unmittelbar aus dem **Strafgesetzbuch**. Beispielhaft seien hier nur die **Korruptionsstraftaten** (§§ 299 ff. StGB) und die Straftaten gegen die **Umwelt** (§§ 324–330d StGB) erwähnt. Bei Zwischenfällen im Zusammenhang mit Baumaßnahmen können die Baugefährdung (§ 319 StGB) oder schlimmstenfalls auch die fahrlässige Tötung (§ 222 StGB) einschlägig sein, wobei sich hier nicht selten die schwierige Frage stellt, wer von mehreren Handelnden (z. B. Ausführende, Aufsichtspersonen) für eine Sorgfaltspflicht- oder Kontrollpflichtverletzung verantwortlich ist.[22]

2.2   Regelungen in Standards

2.2.1   Deutscher Corporate Governance Kodex

Zu den wichtigsten deutschen Standards zählt sicherlich der **Deutsche Corporate Governance Kodex (DCGK)**[23]. Der Kodex richtet sich zwar in erster Linie an börsennotierte Gesellschaften und Gesellschaften mit Kapitalmarktzugang, jedoch sollen sich auch alle anderen Unternehmen an diesem Kodex orientieren (Präambel zum Kodex). Der Kodex beinhaltet drei – ineinander gehende – Teile, mit der Wiedergabe bereits gesetzlich vorgegebener Grundsätze, den Empfehlungen (Soll-Regelungen) sowie den Anregungen. Während die Grundsätze aufgrund gesetzlicher Normierung ohnehin einzuhalten sind, erlangen die Empfehlungen für viele Unternehmen ihre Verbindlichkeit durch Erklärung zum Corporate Governance Kodex (§ 161 AktG). In dieser Erklärung muss das Unternehmen angeben, ob den Empfehlungen entsprochen wurde und wird oder welche Empfehlungen nicht angewendet wurden oder werden und warum nicht. Damit erhält eine Nichteinhaltung eine – regelmäßig unerwünschte – Außenwirkung.

---

[21] https://www.accc.gov.au/media-release/google-llc-to-pay-60-million-for-misleading-representations?utm_source=twitter_accc&utm_medium=social&utm_campaign=p_tru_g_awa_c_rulings&utm_content=google%20_penalty_&sf169193031=1

[22] Zum Umfang der Kontrollpflichten bei vertikaler Aufgabendelegation auf einer Großbaustelle und zur Reichweite des Vertrauensgrundsatzes bei horizontal arbeitsteiligem Handeln zwischen mehreren Abteilungen einer bauausführenden Arbeitsgemeinschaft vgl. BGH, Urteil vom 13.10.2021, 2 StR 418/19, IWW 229.450.

[23] Der Kodex ist downloadbar unter https://www.dcgk.de/de/.

Aufgrund der aktuellen Rechtslage seit 2021/22 sind die meisten ehemaligen Empfehlungen zur Compliance in die 2022er Kodex-Grundsätze

- Nr. 4 zum internen Kontrollsystem und zum Risikomanagementsystem[24],
- Nr. 5 zur Compliance als Aufgabe des Vorstands,
- Nr. 14 zur Einrichtung eines Prüfungsausschusses,
- Nr. 16 zur Information des Aufsichtsrats u. a. über die Compliance,
- Nr. 18 zur Zusammenarbeit von Aufsichtsrat und Abschlussprüfer und
- Nr. 23 zur Erklärung zur Unternehmensführung und Corporate Governance

übernommen worden. Die folgenden Empfehlungen zur Compliance sind weiterhin im Kodex von 2022 enthalten:

- A.4: Einrichtung eines Hinweisgebersystems,
- D.5: Zusätzliche Beratung des Aufsichtsvorsitzendem mit dem Vorstand u. a. zur Compliance.

Alle vorgenannten Grundsätze und Empfehlungen sind eher allgemeiner Natur und bedürfen weitergehender Konkretisierungen, die im eigenen Unternehmen zu entwickeln sind; dazu kann insbesondere auf die nachfolgend genannten Standards zurückgegriffen werden.

2.2.2 COSO

Obwohl aus den USA kommend konnten sich die **COSO-Standards** weltweit als Referenz für Regelungen und Empfehlungen zu den Bereichen Corporate Governance, Unternehmenssteuerung und -überwachung, Risikomanagement sowie Interne Kontrollsysteme etablieren. Dabei gehen alle derzeitigen Modelle auf das Ur-Modell, die COSO-Pyramide, von 1992–94 zurück. Für das Compliance-Management von besonderer Bedeutung ist das 2013 vorgestellte Modell „**Internal Control – Integrated Framework**" (vgl. Abb. 2.3). In diesem Modell ist die Compliance eines von drei Zielen, was bereits die Bedeutung der Compliance unterstreicht. Dieses dritte Ziel bezieht sich auf die Einhaltung von Gesetzen und Vorschriften, denen das Unternehmen unterworfen ist.

---

[24] Diese beiden Systeme sind engstens verbunden mit dem Compliancesystem.

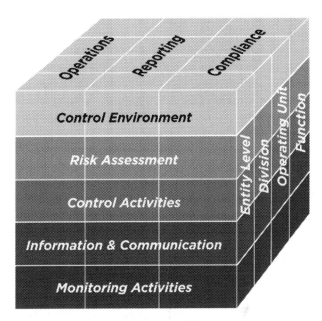

Abb. 2.3 Internal Control – Integrated Framework[25]

COSO definiert die **Interne Kontrolle** *(internal control)* wie folgt: Interne Kontrolle ist ein Prozess, der vom Vorstand, der Managementebene und anderen Mitarbeitern eines Unternehmens durchgeführt wird und dazu dient, eine angemessene Sicherheit in Bezug auf das Erreichen von Zielen in Hinblick auf den Betrieb, die Berichterstattung und die Einhaltung von Vorschriften.[26] Dieses COSO-Modell sieht die Compliance schwerpunktmäßig als einen Teil des **Risikomanagements**: Das Management legt die Ziele innerhalb der Kategorien für Geschäftstätigkeit *(operations),* Berichterstattung *(reporting)* und Einhaltung der Vorschriften *(compliance)* so klar fest, dass es in der Lage ist, die Risiken für diese Ziele zu ermitteln und zu analysieren.

---

[25] Entnommen aus: COSO (Hrsg.): Internal Control – Integrated Framework, Executive Summery (2013), S. 6, downloadbar unter https://www.coso.org/Documents/990025P-Exe cutive-Summary-final-may20.pdf.

[26] Internal Control – Integrated Framework, Executive Summery (2013), S. 3, downloadbar unter https://www.coso.org/Documents/990025P-Executive-Summary-final-may20.pdf.

Im Jahr 2020 wurde der Verbindung von Compliance-Management und Risiko-Management ein gesondertes Papier, die Guidance „Compliance Risk Management – Applying the COSO ERM Framework"[27] gewidmet. Diese Veröffentlichung soll eine Anleitung für die Anwendung des COSO Enterprise-Risk-Management-Rahmenwerkes (ERM)[28] auf die Identifizierung, Bewertung und das Management von Compliance-Risiken bieten, indem es mit dem **C&E-Programm-Rahmenwerk** (*compliance and ethics*, C&E)[29] in Einklang gebracht wird, wodurch ein leistungsfähiges Instrument geschaffen wird, das die Konzepte integriert, die in jedem dieser beiden Rahmenwerke enthalten sind.

2.2.3   ISO 37301

Im Jahr 2021 wurde die **ISO 37301** „Compliance Managementsysteme – Anforderungen mit Leitlinien zur Anwendung" in Kraft gesetzt. Dieser Standard legt die Anforderungen fest und bietet Leitlinien für die Einrichtung, Entwicklung, Umsetzung, Bewertung, Aufrechterhaltung und Verbesserung eines wirksamen Compliance-Management-Systems (CMS) in einer Organisation. Er gilt für alle Arten von Organisationen, unabhängig von Art, Größe und Art der Tätigkeit sowie davon, ob die Organisation dem öffentlichen, privaten oder gemeinnützigen Sektor angehört. Im Gegensatz zur ISO 19600 „Compliance Managementsysteme Leitlinien" von 2014[30], welche nur Empfehlungen enthält, legt die ISO 37301 konkrete Anforderungen fest und ist daher auch eine Zertifizierungsnorm.

Wesentliche Eckpunkte (vgl. Abb. 2.4) dieser Norm sind:

- Ein CMS muss im **Kontext** der Organisation bzw. des Unternehmens stehen. Dies bedeutet, dass das CMS an Unternehmensgröße und -struktur ebenso anzupassen ist, wie an die Erfordernisse aus der typischen Leistungserstellung und dem Markt(-umfeld). Auf jeden Fall gehört eine Analyse der Compliance-Risiken und eine Aufstellung der Compliance-Pflichten (einzuhaltende Gesetze, Verträge etc.) dazu.

---

[27] Downloadbar unter https://www.coso.org/Documents/Compliance-Risk-Management-Applying-the-COSO-ERM-Framework.pdf.

[28] Für mehr Informationen s. coso.org.

[29] Die sieben Elemente eines wirksamen Compliance- und Ethikprogramms sind in den U.S. Federal Sentencing Guidelines beschrieben (USSG), § 8B2.1, Unterabschnitt (b). Dieses Programm wird aufgestellt von der United States Sentencing Commission, downloadbar unter https://www.ussc.gov/guidelines.

[30] Für einen Überblick s. Jonas (2016).

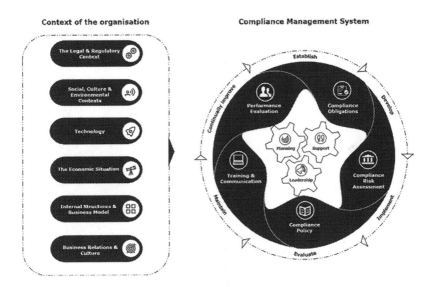

Abb. 2.4 ISO 37301 als System[31]

- Compliance-Management ist **Führungsaufgabe.** Es ist wesentlich für das Compliance-Management-System, dass das oberste Organ und die oberste Leitung i. S. des *„tone from the top"* ihre Verpflichtung zur Erreichung der Ziele des Compliance-Management-Systems klar und deutlich zeigen. Die Unternehmensleitung muss sicherstellen, dass die folgenden Grundsätze eingehalten werden:
  - direkter Zugang der Compliance-Funktion zu dem obersten Organ,
  - Unabhängigkeit der Compliance-Funktion,
  - angemessene Befugnis und Kompetenz der Compliance-Funktion.
- Die Organisation muss **Compliance-Ziele** für relevante Funktionen und Ebenen festlegen. Sofern machbar ist dabei auf die Messbarkeit der Ziele zu achten. Zur Erreichung dieser Ziele sind entsprechende Planungen durchzuführen, um
  - sicherzustellen, dass das Compliance-Management-System seine angestrebten Ergebnisse erzielen kann,
  - unerwünschte Auswirkungen zu verhindern oder zu vermindern,
  - fortlaufende Verbesserung zu erreichen.

---

[31] https://www.iso.org/obp/ui/#iso:std:iso:37301:dis:ed-1:v1:en

- Zur Zielerreichung ist die notwendige **Unterstützung** zu gewährleisten. Diese besteht insbesondere aus
  - Ressourcen
  - Kompetenz
  - Prüfung der Risiken aus dem Personaleinsatz
  - Schulung
  - dokumentierte Information (z. B. durch Handbücher)
- Ein gut gestaltetes Compliance-Management-System umfasst **Maßnahmen im Betrieb** (z. B. Richtlinie, Prozesse, Verfahren), die einer **Compliance-Kultur** Inhalt und Wirkung verleihen. Sie greifen die im Prozess der Compliance-Risikobeurteilung identifizierten Risiken auf und zielen auf deren Reduzierung ab. Hierzu zählt insbesondere auch die Einrichtung von **Hinweisgebersystemen** einschließlich der Etablierung von Prozessen zur Behandlung eingegangener Meldungen.
- Die Organisation muss das Compliance-Management-System überwachen, um sicherzustellen, dass die **Compliance-Ziele** erreicht werden (**Bewertung der Leistung**). Dazu müssen in geplanten Abständen interne Audits (**Compliance-Audits**) durchgeführt werden, um Informationen darüber zu erhalten, ob das Compliance Managementsystem
  - die Anforderungen erfüllt,
  - wirksam verwirklicht und aufrechterhalten wird.
- Letztlich ist die fortlaufende **Verbesserung** des CMS sicherzustellen.

2.2.4   IDW PS 980

Das Institut der Wirtschaftsprüfer (IdW) hat in seinem im Jahr 2011 veröffentlichten **PS 980** „Grundsätze ordnungsmäßiger Prüfung von Compliance Management Systemen" aufgestellt. Diese sind ein guter Leitfaden für die Prüfung von Compliance-Management-Systemen (CMS) nicht nur für Wirtschaftsprüfer, die zur Beachtung dieses Standards gehalten sind, sondern für alle CMS-Prüfer. Auch der Interne Revisor darf und kann sich hier problemlos bedienen.

Nachfolgend werden die in Tz. 23 des PS 980 dargelegten Grundelemente eines CMS vorgestellt, die häufig auch als Benchmark für das Compliance-Management herangezogen werden. Damit wird dieser Prüfungsstandard gleichzeitig auch zu einem Gestaltungsstandard.

Compliance-Kultur	Die Compliance-Kultur stellt die Grundlage für die Angemessenheit und Wirksamkeit des CMS dar. Sie wird vor allem geprägt durch die Grundeinstellungen und Verhaltensweisen des Managements sowie durch die Rolle des Aufsichtsorgans („tone at the top"). Die Compliance-Kultur beeinflusst die Bedeutung, welche die Mitarbeiter des Unternehmens der Beachtung von Regeln beimessen und damit die Bereitschaft zu regelkonformem Verhalten
Compliance-Ziele	Die gesetzlichen Vertreter legen auf der Grundlage der allgemeinen Unternehmensziele und einer Analyse und Gewichtung der für das Unternehmen bedeutsamen Regeln die Ziele fest, die mit dem CMS erreicht werden sollen. Dies umfasst insb. die Festlegung der relevanten Teilbereiche und der in den einzelnen Teilbereichen einzuhaltenden Regeln. Die Compliance-Ziele stellen die Grundlage für die Beurteilung von Compliance-Risiken dar
Compliance-Risiken	Unter Berücksichtigung der Compliance-Ziele werden die Compliance-Risiken festgestellt, die Verstöße gegen einzuhaltende Regeln und damit eine Verfehlung der Compliance-Ziele zur Folge haben können. Hierzu wird ein Verfahren zur systematischen Risikoerkennung und -berichterstattung eingeführt. Die festgestellten Risiken werden im Hinblick auf Eintrittswahrscheinlichkeit und mögliche Folgen analysiert
Compliance-Programm	Auf der Grundlage der Beurteilung der Compliance-Risiken werden Grundsätze und Maßnahmen eingeführt, die auf die Begrenzung der Compliance-Risiken und damit auf die Vermeidung von Compliance-Verstößen ausgerichtet sind. Das Compliance-Programm umfasst auch die bei festgestellten Compliance-Verstößen zu ergreifenden Maßnahmen. Das Compliance-Programm wird zur Sicherstellung einer personenunabhängigen Funktion des CMS dokumentiert

Compliance-Organisation	Das Management regelt die Rollen und Verantwortlichkeiten (Aufgaben) sowie Aufbau- und Ablauforganisation im CMS als integralen Bestandteil der Unternehmensorganisation und stellt die für ein wirksames CMS notwendigen Ressourcen zur Verfügung
Compliance-Kommunikation	Die jeweils betroffenen Mitarbeiter und ggf. Dritte werden über das Compliance-Programm sowie die festgelegten Rollen und Verantwortlichkeiten informiert, damit sie ihre Aufgaben im CMS ausreichend verstehen und sachgerecht erfüllen können Im Unternehmen wird festgelegt, wie Compliance-Risiken sowie Hinweise auf mögliche und festgestellte Regelverstöße an die zuständigen Stellen im Unternehmen (z. B. die gesetzlichen Vertreter und erforderlichenfalls das Aufsichtsorgan) weitergegeben werden
Compliance-Überwachung und Verbesserung	Angemessenheit und Wirksamkeit des CMS werden in geeigneter Weise überwacht. Voraussetzung für die Überwachung ist eine ausreichende Dokumentation des CMS. Werden im Rahmen der Überwachung Schwachstellen im CMS bzw. Regelverstöße festgestellt, werden diese an das Management bzw. die hierfür bestimmte Stelle im Unternehmen berichtet. Die gesetzlichen Vertreter sorgen für die Durchsetzung des CMS, die Beseitigung der Mängel und die Verbesserung des Systems

Aus deutscher Sicht existieren somit im Wesentlichen drei unterschiedliche Standards, welche Vorgaben zur Ausgestaltung[32] eines Compliance-Managements machen. Da taucht die Frage auf, ob diese Standards miteinander kompatibel sind, was insbesondere im Hinblick auf den Prüfungsstandard des IdW von Bedeutung ist. Ein Vergleich (vgl. Abb. 2.5) zeigt schnell, dass sich der IdW-Standard ohnehin eng an den COSO-Standard anlehnt, so dass es keine Probleme gibt, wenn ein Unternehmen sein Compliance-Management nach COSO ausrichtet und durch einen nach PS 980 prüfenden Auditor begutachten lässt. Die ISO 37301 weicht zwar in Aufbau und Wording von den beiden anderen Standards ab, beinhaltet aber keine Inkompatibilitäten zu den anderen Standards.

---

[32] Der für deutsche Aktiengesellschaften ebenfalls bedeutsame DCGK verpflichtet zwar zur Einrichtung eines CMS, enthält aber keine umfangreichen inhaltlichen Vorgaben.

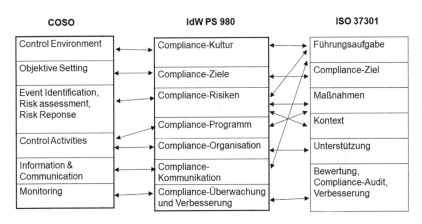

Abb. 2.5 Vergleich COSO mit IdW PS 980 und ISO 37301[33]

2.2.5 MaComp und MaRisk

Die Bundesanstalt für Finanzdienstleistungsaufsicht (**BaFin**) hat für die Compliance in Wertpapierdienstleistungsunternehmen einen eigenen Standard herausgegeben, das Rundschreiben 05/2018 (mit späteren Änderungen), Mindestanforderungen an die Compliance-Funktion und weitere Verhaltens-, Organisations- und Transparenzpflichten, kurz: **MaComp**[34]. Obwohl dieser Standard nur für Wertpapierdienstleistungsunternehmen verpflichtend und auf diese abgestimmt ist, können weite Bereiche daraus von allen Unternehmen rezipiert werden. Allerdings ist zu beachten, dass naturgemäß die branchenspezifischen Anforderungen von Nicht-Finanzunternehmen komplett zu ergänzen sind.

Die MaComp gliedern sich grob in einen allgemeinen Teil (AT) und in einen besonderen Teil (BT). Der allgemeine Teil ist – mit Ausnahme des nationalen Rechtsteils – nahezu ohne Anpassungen auf andere Unternehmen zu übertragen. Dies gilt insbesondere für die Gesamtverantwortung der Geschäftsleitung (AT 4) oder die allgemeinen Anforderungen (AT 6). Aber auch aus dem besonderen Teil lassen sich viele Vorgaben für Nicht-Finanzunternehmen adaptieren. Dies gilt beispielsweise für die BT 1 bis BT 5 und BT 12.

---

[33] Eine vergleichbare Überleitung vom IdW PS 980 zu den Anforderungen des Lieferkettensorgfaltsgesetzes findet sich bei Joos/Kerckhoff/Tabar (2022).

[34] Downloadbar unter: https://www.bafin.de/SharedDocs/Veroeffentlichungen/DE/Rundsc hreiben/2018/rs_18_05_wa3_macomp.html?nn=9021442#doc10744966bodyText15.

Wegen der Überschneidungen zwischen Compliance-Management und **Risiko-Management** sei hier ergänzend noch auf den ebenfalls – zumindest in weiten Bereichen – auf Nicht-Finanzunternehmen übertragbaren BaFin-Standard Rundschreiben 10/2021 (mit späteren Änderungen), Mindestanforderungen an das Risikomanagement, kurz: **MaRisk**[35] hingewiesen.

2.3   Weitere Regelungen

Neben den in vorangehenden Abschnitten skizzierten Anforderungen in unterschiedlichen Regelwerken gibt es eine Reihe weiterer Normen zu Compliance-Maßnahmen in Bereichen wie Einkauf und Vertrieb oder IT und Rechnungswesen[36], deren Vorstellung den Rahmen dieser kurzen Schrift sprengen würde. Beispielhaft seien erwähnt:

- ORP.5 des IT-Grundschutz-Kompendiums (Edition 2022) vom BSI[37],
- BSI-Gesetz, insbes. § 8c BSIG,
- Datenschutzgrundverordnung, insbes. Art. 24–43 DSGVO,
- Leitlinien des BKartA für die Bußgeldzumessung in Kartellordnungswidrigkeitenverfahren,
- Allgemeines Gleichbehandlungsgesetz, insbes. § 12 AGG.

---

[35] Downloadbar unter: https://www.bafin.de/SharedDocs/Veroeffentlichungen/DE/Rundschreiben/2021/rs_1021_MaRisk_BA.html.

[36] Vgl. ergänzend Eckert und Deters (2021), Kap. 5.

[37] Downloadbar : https://www.bsi.bund.de/DE/Themen/Unternehmen-und-Organisationen/Standards-und-Zertifizierung/IT-Grundschutz/IT-Grundschutz-Kompendium/it-grundschutz-kompendium_node.html.

Module eines integrativen Compliance-Managements

3

Wird Compliance-Management als Summe aller Maßnahmen zur Einhaltung von Regelungen jeglicher Art verstanden (s. vorn Abschn. 1.2), dann ist das Compliance-Management weitgehend eine virtuelle Organisationsform mit einer Aufgabenverteilung über nahezu sämtliche Abteilungen im Unternehmen. Ergänzt wird diese virtuelle Organisationsform durch eine kleine Compliance-Abteilung, die direkt unter dem Vorstand bzw. der Geschäftsleitung angesiedelt ist und die Durchsetzung des Leitungswillens zur Compliance begleitet und unterstützt.

Unabhängig davon, ob eine (weitgehend) virtuelle oder eine tatsächliche Organisation gewählt wird, gibt es kaum konkrete Regelungen oder Empfehlungen für die Aufbauorganisation des Compliance-Managements. Auch eine virtuelle Organisationsform bedarf einer Strukturierung, um nicht in Beliebigkeit zu versinken. Häufig wird für diese Strukturierung eine grobe Dreiteilung benutzt. Eine Variante einer groben Einteilung wird in Abb. 3.1 vorgestellt und hier für die weiteren Erläuterungen genutzt.

3.1 Führen und Steuern

3.1.1 Unternehmensleitung

Für eine gute Compliance im Unternehmen ist es zwingend, dass sich der **Vorstand** bzw. die Unternehmensleitung

- persönlich dieser Aufgabe annimmt,
- die dazu notwendigen Richtlinien erlässt,
- für notwendige Ressourcen sorgt und
- den Compliance-Willen kommuniziert.

J. S. Tanski, *Compliance-Management*, essentials,
https://doi.org/10.1007/978-3-658-40682-0_3

Abb. 3.1 Grobmodule
eines
Compliance-Managements

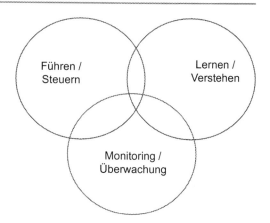

Schädlich wären reine Lippenbekenntnisse, deren mangelnde Ernsthaftigkeit sich für die Mitarbeiter zu leicht offenbart. Der Vorstand muss sich – für alle Betroffenen klar erkennbar – aktiv in die Rolle des obersten Compliance-Managers begeben und die eindeutige Haltung zu Compliance-Fragen vorleben. Im angloamerikanischen Sprachgebrauch wird dies häufig als „**tone at the top**" bezeichnet. Die Geschäftsleitung – und ebenso der Aufsichtsrat – vermitteln durch ihre Richtlinien, ihre Einstellung und ihr Verhalten die Bedeutung von Integrität und ethischen Werten. Starke, gut gemanagte Richtlinien sind das Fundament für effektive Compliance und gute Unternehmensentwicklung. Sie definieren, artikulieren und kommunizieren Erwartungen, vermitteln Risikogrenzen, erklären Risikotragfähigkeiten, erläutern Governance und Rechenschaftspflicht und leiten das gewünschte Verhalten aller Mitarbeiter. Sie sind unerlässlich, um eine gute **Compliance-Kultur** zu schaffen. Die ISO 37301 definiert Compliance-Kultur wie folgt: „Werte, ethische Grundsätze und Überzeugungen, die in der gesamten Organisation bestehen und mit den Strukturen und Steuerungssystemen der Organisation interagieren, um Verhaltensnormen zu erzeugen, die die Compliance unterstützen."

> **Der falsche tone at the top: Johnsons Regierung traf sich zu exzessiven Saufgelagen**
>
> Die Staatsbeamtin Sue Gray hatte 15 gesellschaftliche Anlässe an 12 Tagen zwischen Mai 2020 und April 2021 unter die Lupe genommen – alle fanden zu Zeiten statt, da es laut Covid-Regeln verboten war, sich mit anderen Leuten

zu treffen. Gray beschreibt etwa eine Party, bei der es „gedrängt und laut" mit Pizza und Prosecco gefeiert wurde.[1] ◄

Auch im **Deutschen Corporate Governance Kodex** wird im Grundsatz 5 der Vorstand eindeutig als führender Akteur der unternehmerischen Compliance definiert: „Der Vorstand hat für die Einhaltung der gesetzlichen Bestimmungen und der internen Richtlinien zu sorgen und wirkt auf deren Beachtung im Unternehmen hin (Compliance)."[2] Dies schließt nicht aus, dass sich der Vorstand von bestimmten (Stabs-)Stellen zuarbeiten lässt. Zu diesen Stellen zählt insbesondere die Compliance-Abteilung mit einer direkten **Berichtspflicht** des **Chief Compliance Officers** (CCO) an die gesamte Geschäfts- bzw. Unternehmensleitung. Entscheidend ist aber einerseits, dass der Vorstand die Richtlinien für diese Zuarbeit vorgibt, und andererseits, dass der Vorstand die Ergebnisse als seine eigene Meinung zur Compliance (und nicht als „überflüssige Papiere der Compliance-Abteilung") verbreitet.

Zu diesen Ergebnissen gehört in vielen Unternehmen ein **Verhaltenskodex** (code of conduct, code of ethics), der vom Vorstand ernsthaft vorzuleben und als zentrale Leitlinie zu vertreten ist.[3] In diesem Verhaltenskodex (ggf. in einem Anhang) sind auch für alle Mitarbeiter die Folgen von Verstößen darzulegen, wobei Abstufungen durchaus zulässig sind. Lediglich bei Verstößen von Vorstandsmitgliedern und Mitgliedern des leitenden Managements ist eine absolute Durchsetzung der angekündigten Folgen (z. B. fristlose Entlassung) auf jeden Fall vorzusehen (Null-Toleranz). Für den Inhalt sind prägnante und klare Formulierungen wichtiger als ausschweifende Elaborate auf übermäßig vielen Seiten. Es ist auch zu beachten, dass ein solcher Kodex – im Fall eines Verstoßes – rechtliche Wirkung entfalten kann.

Es muss sehr wahrscheinlich sein, dass – auch – Mitglieder der Unternehmensorgane (Vorstände, Geschäftsführer, Aufsichtsräte) integer sind und den Compliance-Gedanken nicht nur nach außen vertreten, sondern auch selbst beherzigen. Dies ist auch bei der Bestellung von Personen in Führungspositionen zu bedenken und zu prüfen, um **Top-Management-Fraud** weniger wahrscheinlich werden zu lassen.

---

[1] Stäuber (2022).

[2] DCGK von 2022, Grundsatz 5, 1. Satz.

[3] Orientierung und Anregung für den Inhalt eines Verhaltenskodexes bieten die OECD-Leitsätze für Multinationale Unternehmen (in Deutsch abrufbar unter https://mneguidelines.oecd.org/48808708.pdf).

▶ Der Gesetzgeber schreibt – neben branchenbezogenen Ausschlüs-
sen – für viele Fälle vor, dass Spitzenführungsposten nicht mit
bestimmten, ungeeigneten Personen besetzt werden dürfen. Beispielsweise dürfen auch Sportbeträger nach § 6 Abs. 2 S. 2 Nr. 3
Buchst. e GmbHG nicht zum Geschäftsführer bestellt werden.[4]

Zur engen Abstimmung zwischen dem Compliance-Management einerseits und
der Unternehmensleitung andererseits ist der CCO ähnlich wie der Leiter der
Internen Revision (Chief Audit Officer, CAO) regelmäßig – aber nicht unbedingt
ständig – zu den **Unternehmensleitungssitzungen** einzuladen. Nur dadurch kann
eine enge und effektive Abstimmung in Fragen der Compliance erreicht werden.

3.1.2 Rechts- und Steuerabteilung

Die Rechts- und Steuerabteilung ist regelmäßig der Grundbaustein eines (rudi-
mentären) Compliancesystems. Bereits in Zeiten als der Compliance-Begriff noch
nicht allgegenwärtig war, hat diese Abteilung bereits im Sinn einer Compliance
gearbeitet und dafür gesorgt, dass sich das Unternehmen im rechtlichen Rahmen bewegt. Dieser Abteilung können nun zusätzliche Befugnisse und Aufgaben
übertragen werden, um allen Compliance-Anforderungen gerecht zu werden.

▶ Horizontale Kooperationen unter Wettbewerbern sind nicht selten in
einer Grauzone aus erlaubter Zusammenarbeit und illegaler Kartell-
absprache zu finden. Derartige Kooperationen bedürfen dringendst
der Unterstützung durch kartellrechtlich versierte Juristen.

Die Steuer- und Rechtsabteilung steht für alle drei Grobmodule, wenngleich
das erste Modul sowohl mit den früheren Aufgaben als auch mit aktuellen
Anforderungen am meisten verbunden ist:

- Führen/Steuern durch Vorgaben und Anleitungen, Reaktionen auf Neuerungen
- Lernen/Verstehen durch interne Schulungen, Trainings, Helpdesk
- Monitoring/Überwachung durch Mitzeichnungspflichten, spezifisches Control-
ling

---

[4] BGH, Beschl. v. 28.06.2022 – II ZB 8/22.

Wenn nicht ohnehin bereits erfolgt, wird diese Abteilung getrennt in eine reine **Rechtsabteilung** (für Fragen des Vertragsrechts, des Gesellschaftsrechts und anderer Rechtsgebiete wie beispielsweise das Umweltrecht) und in eine **Steuerabteilung** (für Fragen der Ertragsbesteuerung, der Umsatzbesteuerung, der Verrechnungspreise oder beispielsweise das internationale Steuerrecht sowie für betriebswirtschaftliche Steuergestaltungen). Dabei ist aber darauf zu achten, dass es vielfältige Überschneidungen gibt, die eine Zusammenarbeit dieser beiden Bereiche erzwingen. So sind beispielsweise gesellschaftsrechtliche Gestaltungen (z. B. Mergers & Acquisitions) stets auch unter steuerlichen Gesichtspunkten (z. B. Körperschaftsteuer oder Umwandlungssteuerrecht) zu werten. Eine Zusammenarbeit bietet sich aber auch an für Aufgaben wie Auswertung von Rechtsentwicklungen oder dem Aufbau it-gestützter Beratungs-, Prüfungs- und Überwachungssysteme (**Legal Tech**).

In einer weiteren Ausbaustufe kann eine Trennung in eine operative Rechtsabteilung und in eine taktische Steuer-Compliance-Abteilung erfolgen. Erstere ist dann für das Tagesgeschäft zuständig, während sich die andere um Auswirkungen von Rechtsänderungen (Gesetzesvorhaben, Rechtsprechung) und um die Gestaltung neuer bzw. angepasster Vertragsmuster, steuer- und bilanzpolitischer Zielsetzungen oder Verhaltensweisen kümmern muss.

3.1.3 Personalabteilung

Der Hauptgrund für die Involvierung der **Personalabteilung** in das Compliance-Management liegt sicherlich darin, dass Compliance-Verstöße letztlich immer von Menschen begangen werden; nicht notwendiger Weise ausschließlich von eigenen Mitarbeitern, aber doch überwiegend von eigenen Mitarbeitern. In der Personalabteilung muss deshalb Klarheit darüber herrschen, dass hier die Menschen, die einen Compliance-Verstoß begehen könnten, betreut und gesteuert werden. Eine Einbindung der Personalabteilung in das gesamte Compliance-Management ist somit unerlässlich.

Die Personalabteilung ist hinsichtlich ihrer Compliance-Verantwortung in allen drei Phasen der Mitarbeiterbetreuung aktiv:

1. In der Einstellungsphase eines Mitarbeiters gehört es zu den Aufgaben der Personalabteilung, Tests auf Rechtstreue im Rahmen von Assessmentcentern durchzuführen bzw. die Tests in allgemeine Assessmentcenter zu integrieren. Weiterhin können in dieser Phase
   - Background-Checks

- Validierungen von Referenzen
- Einholung von Bestätigungen zu Zertifizierungen
- Prüfung gegen EU-Sanktionslisten[5] durchgeführt werden.

2. Während der laufenden Beschäftigung eines Mitarbeiters fallen die
   - Organisation von Compliance-Schulungen,
   - Feststellung von Auffälligkeiten zur Meldung an die Interne Revision,
   - Einbindung von Compliance-Zielen in persönliche Zielvereinbarungen,
   - Durchführung von Social Engineering Tests[6] und
   - Behandlung von Compliance-Verstößen in das Aufgabengebiet der Personalabteilung.

3. Letztlich sollte die Personalabteilung noch einmal aktiv werden, wenn Mitarbeiter – freiwillig – aus dem Unternehmen ausscheiden, und mit diesen Abschlussinterviews *(exit interview)* durchführen. Aus Compliance-Sicht können hier Erkenntnisse gewonnen werden, wenn Mitarbeiter wegen nicht complianter Verhaltensweisen im Unternehmen unzufrieden geworden sind und deshalb ausscheiden. Ohnehin das Unternehmen verlassende Mitarbeiter sind hier öfter gesprächsbereit, da sie keine Sanktionen zu befürchten haben.

Die Einbindung der Personalabteilung in die Behandlung von **Compliance-Verstößen** ist unverzichtbar. Die Aufdeckung derartiger Verstöße erfolgt jedoch eher über die Interne Revision oder ein Hinweisgebersystem. Dazu stellt das Bundesarbeitsgericht allgemein fest, dass die Einrichtung einer **Compliance-Abteilung** sowie deren Beauftragung mit der Ermittlung möglicher Pflichtverstöße von Arbeitnehmern für sich genommen nicht unredlich ist, sondern vielmehr sachgerecht. Die Annahme, dass die Aufgabenkonzentration und Spezialisierung in einer unterhalb der Geschäftsführung eingebundenen Compliance-Abteilung grundsätzlich die Effektivität der Aufklärung steigern, begegnet keinen rechtlichen Bedenken. Dies schließt es allerdings nicht aus, dass die Arbeitsabläufe in einer Compliance-Abteilung so festgelegt werden, dass hierdurch der Informationsfluss in einer mit Treu und Glauben nicht zu vereinbarenden Weise behindert wird.[7]

---

[5] Eine Mitbestimmung bei automatisiertem Namensabgleich ist z. B. bei einem Abgleich mit Namenslisten der sog. Anti-Terror-Verordnungen der Europäischen Union nicht erforderlich, BAG, Beschluss v. 19.12.2017, 1 ABR 32/16, https://www.bundesarbeitsgericht.de/wp-content/uploads/2021/01/1-ABR-32-16.pdf.

[6] Vgl. Zimmer und Helle (2016).

[7] BAG, Urteil v. 05.05.2022, 2 AZR 483/21, DB 38/2022, S. 2289–2292, Tz. 31.

3.1.4 Entlohnungs- und Belohnungssysteme

Zu einem guten Compliance-Management gehört auch ein compliance-gerechtes Entlohnungs- und Belohnungssystem, welches Anreize für compliantes Verhalten der Mitarbeiter bietet. Dies setzt einerseits voraus, ein höheres Einkommen von Mitarbeiter durch Non-Compliance zu vermeiden, und andererseits, die Einhaltung der Compliance angemessen zu belohnen. Beispielsweise ist zu vermeiden, dass im Rechnungswesen Mitarbeiter aller Hierarchiestufen (einschließlich des Vorstandes) durch gewinnerhöhende Manipulationen im Rechnungswesen zu besseren Bonuszahlungen *(earnings management incentives)* gelangen.

In diesem Zusammenhang ist unbedingt zu hinterfragen, wie sich variable bzw. leistungsbezogene Vergütungen auf die Compliance auswirken, insbesondere wenn die Betroffenen den Leistungsmaßstab selbst direkt oder indirekt beeinflussen können. Aus schlecht aufgebauten Anreizsystemen können sich erhebliche **Compliance-Risiken** ergeben.[8] Hier stellt sich regelmäßig die Frage, wie die Leistung definiert wird. Beispielsweise wird den Mitarbeitern im Rechnungswesen bei steigendem Gewinn häufig (auch) ein höherer Bonus gewährt, obwohl die Arbeitsleistung in der Rechnungslegung weitestgehend unabhängig vom ausgewiesenen Gewinn ist, bei sinkenden Gewinnen möglicherweise sogar steigt.

3.2 Lernen und Verstehen

3.2.1 Schulungen

Das **Personalrisiko** ist das Risiko, dass die Mitarbeiter einer Organisation entweder aus böser Absicht oder aus Unwissenheit in einer Weise handeln, die die Organisation hindert, die strategischen Ziele und Vorgaben zu erreichen. Es steht selten für sich allein, sondern ist ein Faktor, der mit vielen anderen Risiken wirkt. Die Ursachen für das Personalrisiko lassen sich grob in drei Kategorien einteilen:

- Mangelndes Verständnis: Der Einzelne ist sich nicht im Klaren darüber, was er eigentlich tun soll;
- Mangel an Fähigkeiten: Sie wissen, was sie tun sollen, aber nicht, wie sie es tun sollen; und

---

[8] Vgl. Teichmann und Falker (2019).

- fehlender Wille: Sie wissen, was zu tun ist und wie es zu tun ist, aber sie tun es nicht.[9]

Zu den wichtigsten Instrumenten eines guten Compliance-Managements, um insbesondere gegen ein mangelndes Verständnis zu wirken, gehören regelmäßige **Compliance-Schulungen.** Sinnvoll ist es, eine Mischung aus innerbetrieblichen Schulungen und außerbetrieblichen Schulungen anzubieten. Innerbetriebliche Schulungen vermögen am besten spezifische Aspekte des eigenen Unternehmens zu berücksichtigen und können auch als Rückkanal genutzt werden, wenn teilnehmende Mitarbeiter auf Missstände, Sicherheitslücken oder rechtliche Auslegungsfragen verweisen. Dagegen bringen außerbetriebliche Schulungen den sprichwörtlichen „frischen Wind", vermeiden eine Betriebsblindheit und vermögen aus Diskussionen mit Teilnehmern aus anderen Unternehmen neue Ideen hervorzubringen. Ein gewisser Nachteil bei außerbetrieblichen Schulungen kann entstehen, wenn alle oder einige der Teilnehmer nicht offen über Fragen oder Probleme im eigenen Unternehmen sprechen wollen oder dürfen. Teilweise lassen sich die Vorteile aus beiden „Welten" auch dadurch kombinieren, dass auswärtige Dozenten zu innerbetrieblichen Schulungen eingeladen werden.

Neben reinen fachbezogenen Compliance-Schulungen, die beispielsweise über Neuerungen in einem Rechtsgebiet informieren, ist es auch wichtig, in den Schulungen den Willen zur Compliance zu fördern und zu stärken. Hierzu ist u. a. zu vermitteln, welche negativen Wirkungen eine Non-Compliance für einzelne Mitarbeiter, das Unternehmen und die Gesellschaft hat.

Reine Compliance-Schulungen sind in einem festen Rhythmus durchzuführen. Allgemein wird ein jährlicher oder 2-jährlicher Turnus empfohlen. Führungskräfte sollten die Schulungen auf jeden Fall jährlich erhalten. Notwendig ist eine Durchführung, die nicht als notwendiges Übel „schnell abgearbeitet" wird, wie das z. B. bei gelegentlich zu beobachtenden IT-gestützten Ja-Nein-Fragen oder einfachen Multiple-Choice-Aufgaben festzustellen ist, die schlimmstenfalls jedes Jahr vollkommen identische Fragen präsentieren. Nach einer 30-minütigen E-Learning-Schulung wissen die Mitarbeiter nicht unbedingt, was sie in einer herausfordernden Situation tun sollen. Die technikaffine Belegschaft von heute legt die „Effektivitätslatte" höher; um ihre Aufmerksamkeit zu gewinnen und sie bei der Stange zu halten, sind Videos und Grafiken mit hohem Produktionsniveau sowie aktuelle Beispiele erforderlich. Außerdem erwarten sie, dass sie auf Ihre Schulungsunterlagen zugreifen können, wo und wann immer sie es wünschen.

---

[9] Tuddenham (2022).

Deshalb ist es notwendig, dass in jeder neuen Schulung – neben einigen Wiederholungen zur pädagogischen Redundanz – auch neue Compliance-Situationen (idealerweise auch aus dem eigenen Unternehmen), neue Rechtslagen und neue Erkenntnisse eingearbeitet werden. Neben den regelmäßigen reinen Compliance-Schulungen sollte das Thema Compliance aber auch in fachspezifischen Schulungen für Einkäufer, Vertriebler, Buchhalter etc. angesprochen werden. Wirksame Compliance-Schulungen geben nicht nur Hinweise darauf, was man nicht tun sollte, sondern auch, was zu tun ist. Sie gehen direkt auf den Kern der Sache ein und stellen eine Situation und die Schritte dar, die eine Person unternehmen sollte, wenn sie mit einer Compliance-relevanten Situation konfrontiert wird. Ein Beispiel ist eine Schulung, die die Prioritäten des Unternehmens („Bestechen Sie keine Regierungsbeamten", „Bewerten Sie die Sicherheit von Drittanbietern von technischen Dienstleistungen") mit den Richtlinien und Verfahren abgleicht, die das Unternehmen zur Verfolgung seiner operativen Ziele einsetzt.

Als problematisch wird gelegentlich angesehen, dass sich der **Nutzen** von Compliance-Schulungen nicht – unmittelbar – messen lässt. Dagegen sind die **Compliance-Kosten** für die Compliance-Schulungen einfach zu bestimmen und umfassen neben den direkten Kosten für Dozenten, Räume usw. letztlich auch die Arbeitszeit der Teilnehmer. Leider führt das gelegentlich dazu, dass das Schulungsprogramm so weit gekürzt wird, dass nur noch ein wertloses Feigenblatt übrig bleibt mit der Folge, dass den verbleibenden Minimalkosten kein Mehrwert gegenübersteht.

3.2.2 Innerbetriebliche Kommunikation

Wie bereits im Abschnitt „Unternehmensleitung" erwähnt, muss der Wille der Unternehmensleitung zur Einhaltung und Durchsetzung der Compliance als sog. **tone at the top** klar, deutlich und unmissverständlich kommuniziert werden. Eine angemessene und umfangreiche sowie offene und transparente **Information und Kommunikation** ist in den **COSO**-Modellen auch Teil einer guten Corporate Governance[10], weshalb die Compliance-Kommunikation in die gesamte Unternehmenskommunikation einzubetten ist. Zu den bereits genannten **Kommunikationsmitteln** gehören sowohl ein **Verhaltenskodex** als auch systematische **Schulungen;** über beide Mittel ist sowohl der Wille der Unternehmensleitung

---

[10] Vgl. Abschn. 2.2.2 COSO.

zu verbreiten als auch die allgemein anerkannte Sinnhaftigkeit und Notwendigkeit der Compliance zu vermitteln. Damit ist jedoch nur der Grundbaustein einer compliance-bezogenen **innerbetrieblichen Kommunikation** gelegt.

Neben diesen genannten Kommunikationsmitteln sind für die Compliance weitere Kommunikationswege einzurichten, um laufend auf Neuerungen und aktuelle Entwicklungen reagieren zu können. Dabei ist darauf zu achten, dass die Kommunikationskanäle mehrwege-fähig sind. So müssen jederzeit

- Rückfragen beispielsweise über die Auslegung rechtlicher Normen, der Anwendung dieser Normen im Unternehmen oder zur Klärung von Zuständigkeiten und
- Meldungen beispielsweise über drohende Compliance-Risiken in bestimmten Bereichen oder Arbeitsfeldern sowie über bereits entstandene Compliance-Probleme (das **Hinweisgebersystem** ist hier eine Spezialform von Meldungen in der Compliance-Kommunikation)

möglich sein.

Diese Kommunikation muss jederzeit frei und uneingeschränkt ablaufen können, d. h. sie muss auch von der Unternehmensleitung gewollt sein und ggf. positiv honoriert werden. In der top-down-Richtung ist auf größtmögliche Präzision zu achten, um die Wahrscheinlichkeit von Missverständnissen zu reduzieren, in der bottom-up-Richtung sollte das Kommunikationssystem dagegen fehlertolerant sein, um auch ungenaue oder vage Angaben (z. B. bei sich abzeichnenden Compliance-Risiken) zu akzeptieren. Außerdem ist das System möglichst als Multi-Channel-System anzulegen, also sowohl in Papierform als auch in elektronischer Form zu betreiben, um unterschiedliches Kommunikationsverhalten zu tolerieren.[11]

3.2.3 Vorschriftenmanagement und Legal Tech

Selbst kleinere Unternehmen sehen sich einer überbordenden Menge an Normen und Vorschriften gegenüber. Ergänzt wird dieses Konvolut durch eine Vielzahl – häufig individueller – Vertragsregelungen mit Kunden, Lieferanten und Mitarbeitern. All diese Festlegungen gilt es im Tagesgeschäft nicht nur im Blick zu behalten, sondern für eine compliante Arbeit auch strikt einzuhalten. Eine Unterstützung kann hier sowohl durch ein Vorschriftenmanagement als auch

---

[11] Zur Compliance-Kommunikation s. ausführlich Bethke und Bach (2020).

durch den Einsatz von **Legal Tech** erreicht werden, wobei es sich um getrennte Systeme als auch um ein einheitliches System handeln kann.

Regelungen und Vorgaben werden häufig allein deshalb nicht eingehalten, weil diese

- unbekannt,
- nicht (schnell) greifbar bzw. nachlesbar oder
- unverständlich

sind. Eine Möglichkeit der Abhilfe stellt ein umfassendes **Vorschriftenmanagement** dar mit einer Mischung insbesondere aus

- IT-gestütztem Support (z. B. Rechtsdatenbanken) und
- personengebundener Unterstützung (z. B. durch die Rechts- und Steuerabteilung).

Hier sind alle Normen vorzuhalten, die für den Regelbetrieb im Unternehmen von Relevanz sind. Hilfreich ist es, wenn unternehmensspezifische Hinweise (z. B. auf typische Anwendungsfälle) und Verweise (z. B. auf ergänzende oder limitierende Vorschriften) die reinen Texte ergänzen. Zur besseren Übersichtlichkeit ist auf jene Normen zu verzichten, die für den Regelbetrieb nicht benötigt werden; bei Datenbanken kann jedoch für vertiefendes Suchen das wahlweise Einblenden zusätzlicher Normen vorgesehen werden.

Eine Ergänzung kann mittels eines **Vertragsmanagements** erfolgen, was eine Weiterentwicklung eines reinen Dokumentenmanagements ist. Dieses bindet zusätzlich die über Verträge eingegangenen Verpflichtungen ein, um Unternehmensprozesse nicht nur mit gesetzlichen Vorgaben abzustimmen, sondern auch mit vertraglichen Vorgaben. Das Vertragsmanagement lässt sich grob in drei Bereiche unterteilen:

- Das Management der Leistungserbringung stellt sicher, dass die Leistung vereinbarungsgemäß und in der geforderten Art und Qualität erbracht wird.
- Das Beziehungsmanagement sorgt dafür, dass die Beziehung zwischen den beiden Parteien offen und konstruktiv ist, und zielt darauf ab, Spannungen zu lösen oder abzubauen und Probleme frühzeitig zu erkennen.
- Die Vertragsverwaltung kümmert sich um die formale Verwaltung des Vertrags (incl. Fristenüberwachung) und Änderungen an den Vertragsunterlagen.

Seit einiger Zeit umschreibt der neue Begriff **Legal Tech** die (IT-)technische Unterstützung der Compliance mit unterschiedlicher Software. Im einfachsten

Fall ist hierunter lediglich die IT-mäßige Umsetzung des Vorschriften- und Vertragsmanagements zu verstehen. Um diesen Begriff mit Leben zu füllen, bedarf es aber weiterer Komponenten wie einer (teil-)automatisierten Vertragsgestaltung, sofern es sich nicht nur um die moderne Form eines Schreibautomaten mit Textbausteinen handelt.[12] Weiterhin kann hier beispielsweise die automatisierte Vorbereitung von Gerichtsverfahren genannt werden, wie das von den Unternehmen zur Durchsetzung von Flugverspätungsansprüchen bekannt ist. Von der selbständigen Fallbearbeitung durch künstliche Intelligenz sind wir aber noch ein Stück entfernt, auch wenn bereits anderes suggeriert wird.

3.3   Monitoring und Überwachung

3.3.1   Internes Kontrollsystem

Nach COSO ist **Interne Kontrolle** ein Prozess, der vom Vorstand, der Geschäftsleitung und anderen Mitarbeitern eines Unternehmens durchgeführt wird und dazu dient, hinreichende Gewähr für die Erreichung der Ziele in Bezug auf die Geschäftstätigkeit, die Berichterstattung und die Einhaltung der Vorschriften zu bieten.[13] Im anglo-amerikanischen Sprachgebrauch wenig gebräuchlich ist der Begriff des Internen Kontrollsystems, dagegen ist dieser Begriff in Europa und so auch in Deutschland üblich und die Einrichtung eines IKS im Unternehmen ist nicht nur betriebswirtschaftlich geboten, sondern wird durch Gesetze (z. B. § 91 Abs. 3 AktG, § 6 GwG) und Standards (z. B. Grundsatz 4 des DCGK) verlangt. Das **Interne Kontrollsystem** (IKS)[14] stellt eine sinnvolle und effektive Zusammenstellung von Kontrollen dar, um nicht nur einzelne (Teil-)Schritte in Geschäftsprozessen zu überwachen, sondern um die Ordnungsmäßigkeit, Wirtschaftlichkeit und Compliance in Gesamtprozessen sicherzustellen.

   Kontrollen (*controls*) in einem Kontrollsystem werden regelmäßig konzipiert, um an einzelnen (Kontroll-)Punkten – in Prozessketten – möglicherweise auftretende Fehler (z. B. fehlerhafte Eingabe einer Buchung in der Finanzbuchhaltung, Überschreiten eines gesetzten Limits) oder suboptimale Prozesse (z. B. Unwirtschaftlichkeiten, Prozessverzögerungen) zu erkennen. Ziel ist, die Unstimmigkeit

---

[12] Für ein – eher einfaches – Beispiel s. den Vertragsgenerator unter https://itwirtschaft.de/angebote/vertragsgenerator/.

[13] COSO: Internal Control – Integrated Framework, May 2013, S. 3, downloadbar unter: https://www.coso.org/Shared%20Documents/Framework-Executive-Summary.pdf.

[14] Die Schreibweise ist allerdings nicht einheitlich: Mal mit „I" als Eigenname, mal mit „i" als Attribut zur Unterscheidung von externen Kontrollen.

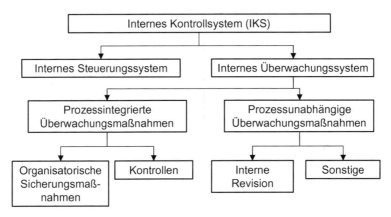

Abb. 3.2 Gesamtdarstellung des Internen Kontrollsystems[15]

zu verhindern oder – wenn möglich sofort – zu korrigieren. Zumindest aber muss eine Feststellung der Unstimmigkeit zur nachfolgenden Behandlung (z. B. Fehlerkorrektur, Einleitung von schadensbegrenzenden Maßnahmen, Lernen für zukünftige Fälle etc.) gewährleistet sein. Ein Internes Kontrollsystem (s. Abb. 3.2) dient somit der Absicherung von Bereichen (z. B. der Finanzbuchhaltung) in einem Unternehmen gegen eine Vielzahl möglicher Risiken.

3.3.2 Interne Revision und Compliance Audit

Die Einrichtung und effektiv betriebene **Interne Revision** ist unverzichtbarer Bestandteil einer jeden Compliance-Organisation und wird wie folgt definiert: „Die Interne Revision erbringt unabhängige und objektive Prüfungs- und Beratungsdienstleistungen, welche darauf ausgerichtet sind, Mehrwerte zu schaffen und die Geschäftsprozesse zu verbessern. Sie unterstützt die Organisation bei der Erreichung ihrer Ziele, indem sie mit einem systematischen und zielgerichteten Ansatz die Effektivität des Risikomanagements, der Kontrollen und der Führungs- und Überwachungsprozesse bewertet und diese verbessern hilft."[16] Im Gegensatz

---

[15] In Anlehnung an IdW PS 261, Tz. 20; vgl. auch ISA 315.4.

[16] IPPF, Internationale Standards für die berufliche Praxis der Internen Revision 2017, S. 13, downloadbar unter https://www.diir.de/fileadmin/fachwissen/standards/downloads/ IPPF_2017_Standards__Version_6.1___20180110.pdf.

zum **Internen Kontrollsystem,** welches in die Geschäfts- und Leistungsprozesse integriert ist, nimmt die Interne Revision ihre Aufgaben unabhängig von diesen Prozessen wahr, sie ist also eine freie Prüfinstanz. Gleichwohl ist die externe Sicht (z. B. durch einen externen Prüfer) auf ein Unternehmen dergestalt, dass sich das Interne Kontrollsystem aus einer Vielzahl – möglichst aufeinander abgestimmter – Einzelkontrollen (Internes Kontrollsystem i. e. S.) zuzüglich der diese Kontrollen überwachenden Internen Revision (Internes Kontrollsystem i. w. S.) zusammensetzt. Grundsatz 4 des DCGK bestätigt diesen Zusammenhang mit der Feststellung, dass die „Angemessenheit und Wirksamkeit des internen Kontrollsystems und des Risikomanagementsystems" deren interne Überwachung (durch die Interne Revision) voraussetzen.

Der Aufgabenbereich der Internen Revision stellt sich somit folgendermaßen dar:

- Prüfung des Internen Kontrollsystems i. e. S. hinsichtlich Funktionsfähigkeit und Effektivität,
- Prüfung aller Prozesse im Unternehmen hinsichtlich Fehlerfreiheit und Wirtschaftlichkeit **(Ordnungsmäßigkeitsprüfung),**
- Beratung aller Abteilungen insbesondere in Hinblick auf Sicherheit und Ordnungsmäßigkeit der Prozesse einschließlich der sachgerechten Einrichtung von Kontrollen **(Consulting),** soweit durch diese Beratung nicht die Unabhängigkeit der Internen Revision – durch Entstehung einer Befangenheit im Hinblick auf spätere Prüfnotwendigkeiten – gefährdet wird.
- Durchführung von oder Beteiligung an internen Untersuchungen nach compliance-relevanten Vorfällen.

Die Einrichtung einer Internen Revision war betriebswirtschaftlich – außer bei Kleinbetrieben – schon immer geboten, fand als generelle gesetzliche Vorgabe jedoch erst 2021 durch das FISG in § 91 Abs. 3 AktG Eingang in das Recht. Bereits zuvor und auch weiterhin muss sich der **Aufsichtsrat** gem. § 107 Abs. 3 AktG u. a. sowohl mit der Wirksamkeit des internen Kontrollsystems als auch mit der Wirksamkeit des internen Revisionssystems befassen.

Erhebungen und Feldstudien zeigen, dass leistungsstarke Teams divers sind. Diverse Teams würdigen unterschiedliche Perspektiven und fördern die Beteiligung der Teammitglieder durch psychologische Sicherheit, was zu höherer Teamleistung führt. Eine neue Studie findet auch für Prüfungsteams einen positiven Zusammenhang zwischen Teamdiversität und Prüfungsqualität; dabei ist

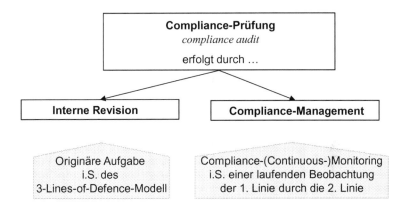

Abb. 3.3 Compliance-Prüfung im 3-Linien-Modell

dieser positive Zusammenhang bei komplexeren und nicht routinemäßigen Prüfungsaufträgen strenger.[17] Dies sollte – neben anderen Aspekten – beim Aufbau der Internen Revision beachtet werden.

Die gelegentlich zu beobachtende Einrichtung eines gesonderten **Compliance-Audits** (vgl. Abb. 3.3) als eigene Abteilung ist regelmäßig überflüssig, weil die dort zu erledigenden Aufgaben bereits in den typischen Arbeitsbereich der Internen Revision fallen. So wird in Tz. 2210 der IPPF die „Bestimmung von Wahrscheinlichkeiten von signifikanten Compliance-Verstößen" als (nicht abwählbares!) Auftragsziel für einen Prüfungsauftrag der Internen Revision genannt. Werden Compliance-Audits jedoch vom Compliance-Management durchgeführt, so hat die Interne Revision die Zweckmäßigkeit und Zuverlässigkeit dieser Audits zu prüfen.

3.3.3 Risikomanagement

Betrachtet man das Compliance-Management (nur) aus dem Blickwinkel der Vermeidung von Schäden durch Haftungsinanspruchnahme, Strafzahlungen und Reputationsverlusten, ist das Compliance-Management ein Unterfall des Risikomanagements. Denn auch ohne die Existenz eines Compliance-Managements müsste sich das **Risikomanagement** mit der Verhinderung oder Verminderung

---

[17] Huang (2022).

des **Compliance-Risikos** (Risiko der Non-Compliance) widmen. Aus diesem Grund ist es verständlich, dass beispielsweise im Grundsatz 5 des DCGK formuliert ist: „Das interne Kontrollsystem und das Risikomanagementsystem umfassen auch ein an der Risikolage des Unternehmens ausgerichtetes Compliance Management System." Compliance-Management und Risikomanagement sind deshalb eng verbunden.

Ergänzt werden Compliance-Management und Risikomanagement durch das **Management von Vorfällen** *(incident management)*. Das ist die Fähigkeit eines Unternehmens, bei einer Anschuldigung über einen Vorfall oder eine dolose Handlung angemessen zu reagieren. Das Ziel einer Organisation muss es sein, den direkt und indirekt Betroffenen (z. B. Strafverfolger, Geschädigte, Presse) zu vermitteln, dass sie die entsprechenden Schritte zur Untersuchung und Behebung der Probleme unternommen hat, die im Unternehmen festgestellt wurden. Häufig können durch eine entsprechende Reaktion die Auswirkungen eines aufgetretenen Vorfalls abgemildert werden.

3.3.4 Hinweisgebersystem

Ein gutes Compliance-Management ist ohne ein umfassendes **Hinweisgebersystem** *(whistleblower system)* nicht mehr zeitgemäß, denn viele Informationen zu Verstößen gegen Normen und Regelungen kommen von nur indirekt oder überhaupt nicht betroffenen Personen (Mitarbeiter, Kunden, Lieferanten etc.). Diesen Personen ist Gelegenheit zur Meldung zu geben, um einerseits Abhilfe zu schaffen bevor größerer Schaden entsteht und um andererseits eine Meldung an externe Stellen (Strafverfolger, Presse etc.) zu vermeiden.

Das Hinweisgebersystem sollte gekennzeichnet sein durch

- Schutz des Hinweisgebers: Dies umfasst neben der Gewährung der Anonymität auch den Schutz vor „Racheakten".
- Externe Ansiedlung: Die Beauftragung Unternehmensexterner hilft einerseits Vertrauen beim Hinweisgeber aufzubauen und stellt – insbes. bei Einschaltung einer RA-Kanzlei – die notwendige Anonymität sicher. Außerdem kann ein Externer einen Hinweisgeber besser beraten und eine Vorprüfung der eingehenden Meldungen vornehmen.
- Laufende Erreichbarkeit ist sicherzustellen, weil zwischen dem Entschluss beim potenziellen Melder bis zur Abgabe der Meldung keine hemmenden Zeitspannen liegen dürfen. Eine absolute 7/24-Erreichbarkeit ist deshalb unerlässlich.

- Keine Anrufbeantworter, weil diese häufig zum Abbruch einer Meldung führen.
- Das Hinweisgebersystem ist durch unregelmäßige Systemtests i.S. eines Mysteryshopping auf Funktionsfähigkeit und Zuverlässigkeit zu prüfen.
- Über das System ist intern und extern in dauerhafter Weise zu informieren.

Beispiel

In einer RTL-Sendung über Burger King in 2022 „hatte «Team Wallraff» unter anderem vom Verkauf alter Lebensmittel und mangelnder Hygiene in einzelnen Restaurants berichtet. Zudem würden Mitarbeiter ausgebeutet. Burger King will nun eine Whistleblower-Hotline zum Melden von Missständen einrichten."[18] Diese negative Presse wäre mit frühzeitigem Handeln wahrscheinlich vermeidbar gewesen.◄

In Deutschland existieren bisher wenige Regelungen für ein Whistleblowing-System. Eine allgemeine Forderung findet sich in Tz. A 4 des DCGK. Erste gesetzliche Regelungen gibt es in § 25a Abs. 1 S. 6 Nr. 3 KWG, § 23 Abs. 6 VAG, § 5 Nr. 2 GeschGehG und § 4d FinDAG. Die **EU-Whistleblower-Richtlinie** (EUWBR) trat am 16.12.2019 in Kraft und war bis zum 17.12.2021 in deutsches Recht umzusetzen. Diese Frist hat der deutsche Gesetzgeber jedoch verstreichen lassen; immerhin wurde im Juli 2022 ein deutscher Gesetzentwurf[19] vorgelegt.[20] Im Wesentlichen lässt sich das zukünftige Meldeverfahren in drei Stufen unterteilen:

1. Interne Meldung.
2. Meldung an die zuständige Behörde (externe Meldestelle).
3. (eingeschränkte) Meldung an die Öffentlichkeit.

Der Hinweisgeber ist nicht zur Einhaltung dieser Hierarchie verpflichtet, jedoch wird empfohlen, zunächst die internen Kanäle der Organisation zu nutzen,

---

[18] Aus einer dpa-Meldung, abrufbar unter https://www.tageskarte.io/gastronomie/detail/burger-king-schliesst-fuenf-filialen-voruebergehend-nach-wallraff-recherche.html?utm_campaign=nl4837&utm_medium=email&utm_source=newsletter.

[19] Gesetzentwurf downloadbar: https://www.bmj.de/SharedDocs/Gesetzgebungsverfahren/Dokumente/RegE_Hinweisgeberschutz.pdf%3F__blob=publicationFile&v=2.

[20] Zur Einbettung eines Hinweisgebersystems in die Unternehmensorganisation vgl. Freidank (2022).

bevor auf die Kanäle der externen Behörde oder gar die öffentlichen Medien zurückgegriffen wird. Das Überspringen der 1. Stufe könnte als Verletzung der Schadensminderungspflicht aufgefasst werden.

3.3.5 Aufsichtsrat

Bereits mehrfach wurde darauf hingewiesen, dass auch dem Aufsichtsrat die Aufgabe obliegt, im Unternehmen auf die Compliance zu achten und das dazu notwendige interne Kontroll- und Risikomanagementsystem zu prüfen. Da die Führung und Kontrolle des Unternehmens originär dem Vorstand bzw. der Geschäftsführung obliegt, kommt dem Aufsichtsrat unter Compliance-Aspekten die spezielle Aufgabe zu, die Leitungsorgane

- hinsichtlich möglicher eigener Compliance-Verstöße[21] (Verhinderung und nötigenfalls Aufdeckung von **Top-Management-Fraud**[22]) und
- hinsichtlich Einrichtung und Effektivität des Compliance-Managements und des internen Kontroll- und Überwachungssystems (insbes. der **Internen Revision**)

zu überwachen (s. dazu § 107 Abs. 3 und 4 AktG und § 111 Abs. 1 AktG). Zur Erfüllung dieser Aufgaben sollte der Aufsichtsrat den Leiter des Compliance-Managements regelmäßig zu seinen Sitzungen einladen. Für Rechtsfolgen bei Verstoß gegen die Sorgfaltspflicht und Verantwortlichkeit der Aufsichtsratsmitglieder ist § 116 AktG einschlägig.

---

[21] Da die Interne Revision typisch in einer Abhängigkeit zu den Leitungsorganen steht, muss sich der Aufsichtsrat besonders mit der Frage beschäftigen, ob diese Leitungsorgane selber Compliance-Verstöße begehen.

[22] Vgl. ausführlich mit Handlungsempfehlungen: AKEIÜ (2022).

Limitierende Faktoren

4

Wie bei allen Risiken gibt es auch bei **Compliance-Risiken** kein Null-Risiko. Man wird in der Praxis noch nicht einmal in die unmittelbare Nähe einer Null kommen. Ein Null-Compliance-Risiko ist auch deshalb nicht erreichbar, weil sich ständig neue Risikofelder auftun. So beispielsweise durch Änderung von Geschäftsmodellen oder Vertriebswegen oder durch neue rechtliche Rahmenbedingen. Insbesondere ist die Unterbindung sog. **Exzesstaten** nur sehr eingeschränkt möglich. Eine Exzesstat liegt insbes. vor, wenn die Tat außerhalb jeder Lebenserfahrung liegt und realistischer Weise mit Compliance nicht verhindert oder auch nur erschwert werden kann.[1] Auch das beste Compliance-Management stößt deshalb – früher oder später – an Grenzen. Compliance-Management kann also nicht maximiert, sondern nur optimiert werden.

Ein weiterer limitierender Faktor ist der Umstand, dass Compliance-Management Geld und Zeit kostet. Diese Transaktionskosten im Unternehmen werden also mit jeder Verbesserung des Compliance-Managements steigen. Dabei muss davon ausgegangen werden, dass (tendenziell) mit jeder zusätzlichen Geldsumme die dadurch verursachte Steigerung des Grenznutzens abnimmt. Unterstellt man als Grenznutzen die **Compliance-Sicherheit,** dann wird sich selbst bei unendlicher Steigerung der **Compliance-Kosten** die Nutzenkurve langfristig bestenfalls asymptotisch an eine 100 %-Ziellinie anschmiegen, diese aber nie erreichen. Nicht die Kostenhöhe ist deshalb entscheidend, sondern der effiziente Mitteleinsatz.

---

[1] Vgl. Busch, Markus und Böhme, Frank (2020), 10. Kap., Tz. 20.

J. S. Tanski, *Compliance-Management*, essentials,
https://doi.org/10.1007/978-3-658-40682-0_4

Haftungs- und Strafrecht 5

5.1 Haftung

Haftung ist (kurz gesagt), dass Einstehen müssen für eigene oder ggf. auch fremde Handlungen oder Rechtsbeziehungen, die mit einer Gewährleistung sanktioniert sind. Bei der **Eigenhaftung** handelt es sich meistens um die Leistung eines Schadensersatzes im weiteren Sinn; dazu zählen beispielsweise der Schadensersatz nach § 9 UWG gegenüber Mitbewerbern oder Verbrauchern, nach §§ 33 und 33a GWG gegenüber einem Kartellgeschädigten aufgrund einer kartellrechtswidrigen Verhaltensweise oder nach § 1 ProdHaftG gegenüber einem Geschädigten bei einem fehlerhaften Produkt (häufig aufgrund mangelnder *product compliance*)[1]. Eine Haftung für einen Schaden kann sich aber auch aus den allgemeinen Regelungen insbesondere §§ 823 (Schadensersatzpflicht), 824 (Kreditgefährdung) oder 826 (sittenwidrige vorsätzliche Schädigung) BGB ergeben. Die **Fremdhaftung** ist insbesondere das Einstehen müssen für Handlungen anderer Personen, wie z. B. bei der Gefährdungshaftung des Fahrzeughalters (§ 7 StVG) oder des Betreibers einer Anlage (§ 1 Umwelthaftungsgesetz). Weiterhin erwähnenswert sind beispielsweise die Bürgschaft[2] (§ 765 BGB) und im Steuerrecht die Haftungs-Normen der §§ 69–77 AO.

---

[1] Vgl. Lach und Polly (2017).

[2] S. hierzu ergänzend § 251 HGB für Angabepflichten zu Haftungsverhältnissen.

© Der/die Autor(en), exklusiv lizenziert an Springer Fachmedien Wiesbaden GmbH, ein Teil von Springer Nature 2023
J. S. Tanski, *Compliance-Management*, essentials,
https://doi.org/10.1007/978-3-658-40682-0_5

Beispiel

Meldet ein Unternehmen unzulässigerweise einen Kunden wegen einer nicht beglichenen aber von diesem Kunden bestrittenen Forderung an eine Auskunftei, so kann dem Kunden ein Schadenersatz beispielsweise wegen Rufschädigung gem. Art. 82 Abs. 1 DSGVO zustehen.[3] Schadensersatzpflichtig können das Unternehmen und/oder ein Geschäftsführer sein.[4] ◄

Die möglichen negativen Folgen (insbesondere die entstehenden finanziellen Folgen) aus Inanspruchnahme wegen einer Haftung erhöhen zweifellos auch den Druck auf das Management zur Einhaltung der Compliance. Auch hat ein gutes Compliance-Management die Risiken aus einer Haftung zu bewerten und ggf. auf deren Begrenzung hinzuwirken. Nur in Einzelfällen ist keine – direkte – Haftung vorgesehen. So ist für Verstöße gegen das **Lieferkettensorgfaltspflichtengesetz** eine zivilrechtliche Haftung für Verstöße gegen dieses Gesetz ausgeschlossen (§ 3 Abs. 3 S. 1 LkSG). Eine davon unabhängig begründete Haftung bleibt aber unberührt (§ 3 Abs. 3 S. 2 LkSG). Dies lässt bei einem neuen Gesetz naturgemäß viele Fragen offen.[5]

5.2   Strafrecht

Viele durch ein gutes Compliance-Management zu verhindernde, unerlaubte Handlungen sind auch durch Straf- und Bußgeldvorschriften sanktioniert. Während die vorgenannte Haftung regelmäßig im zivilrechtlichen Verfahren durchzusetzen ist, werden Strafen und **Bußgelder** durch die Strafverfolgungs- und Bußgeldbehörden fest- und durchgesetzt, was international als **Enforcement** bezeichnet wird. Dieses Enforcement kann sowohl auf nationaler als auch auf supranationaler Ebene erfolgen.

Beispiel

„Die EU hatte im Juli 2021 insgesamt 875 Mio. € Geldbuße gegen BMW und den VW-Konzern verhängt wegen illegaler Absprachen zur Abgasreinigung

---

[3] So z. B. OLG Koblenz, Urteil v. 18.5.2022, 5 U 2141/21.
[4] OLG Dresden, Urteil v. 30.11.2021, 4 U 1158/21.
[5] Vgl. Fleischer (2022).

von Diesel-PKW. Daimler kam davon, weil der Konzern den Fall angezeigt hatte."[6] ◄

Auf der Ebene des Strafrechts sind sowohl die allgemeinen Strafvorschriften[7] des Strafgesetzbuches (hier wird bei Managementversagen des Öfteren auf den Tatbestand der Untreue des § 266 StGB zurückgegriffen) als auch die speziellen Strafvorschriften in Einzelgesetzen (z. B. §§ 331–332 HGB für die Rechnungslegung oder § 62 BImSchG für das Immissionsschutzrecht zu nennen. Gelegentlich finden sich Strafvorschriften für einen Bereich sowohl im allgemeinen Strafrecht als auch in einzelgesetzlichen Normen, so beispielsweise das **Insolvenzstrafrecht** in den §§ 283-283d StGB und § 15a InsO. Auf der Ebene des Ordnungswidrigkeitenrechts sind beispielsweise zu nennen die §§ 81-81 g GWG im Kartellrecht oder der bereits weiter vorne erwähnte § 130 OWiG für Aufsichtsverletzungen.

▷ Für die Pflichtwidrigkeit im Sinne des **Untreuetatbestandes** des § 266 StGB genügt nicht jede gesellschaftsrechtliche Pflichtverletzung; diese muss vielmehr gravierend sein. Ob eine Pflichtverletzung gravierend ist, bestimmt sich aufgrund einer Gesamtschau insbesondere der gesellschaftsrechtlichen Kriterien:

- fehlende Nähe zum Unternehmensgegenstand,
- Unangemessenheit im Hinblick auf die Ertrags- und Vermögenslage,
- fehlende innerbetriebliche Transparenz sowie
- Vorliegen sachwidriger Motive, namentlich Verfolgung rein persönlicher Präferenzen.[8]

Insbesondere für den **Compliance-Officer** kann sich noch eine besondere Strafbarkeitsfrage stellen. Sein Aufgabengebiet ist die Verhinderung von Rechtsverstößen, insbesondere auch von Straftaten, die aus dem Unternehmen heraus begangen werden und diesem erhebliche Nachteile durch Haftungsrisiken oder Ansehensverlust bringen können. Derartige Beauftragte wird regelmäßig strafrechtlich eine **Garantenpflicht** im Sinne des § 13 Abs. 1 StGB treffen, solche

---

[6] WiWo 19/2022 (06.05.2022) S. 7.
[7] Ein knapper Überblick über Straftatbestände findet sich Seefelder (2021) insbes. im 6. Kap.
[8] BGH, Urteil v. 06.12.2001, 1 StR 215/01, DB 2002, S. 626.

im Zusammenhang mit der Tätigkeit des Unternehmens stehende Straftaten von Unternehmensangehörigen zu verhindern.[9]

Eine weithin unbekannte Vorschrift ist § 62 GmbHG zur **Auflösung** einer GmbH durch die Verwaltungsbehörde. Dies ist möglich, wenn eine Gesellschaft das Gemeinwohl dadurch gefährdet, dass die Gesellschafter gesetzwidrige Beschlüsse fassen oder gesetzwidrige Handlungen der Geschäftsführer wissentlich geschehen lassen. Eine derartige Auflösung erfolgt, ohne dass deshalb ein Anspruch auf Entschädigung entsteht.

Schon seit einigen Jahren (erstmalige Erwähnung im Koalitionsvertrag von 2018) wird in der Regierung an einem **Verbandssanktionengesetz** (VerSanG) zur Einführung eines **Unternehmensstrafrechts** gearbeitet, welches große Auswirkungen auf die Bestrafung von Compliance-Verstößen haben wird. Seit einem ersten Gesetzesentwurf[10] ist jedoch sehr wenig passiert, gleichwohl ist das Thema auch im Koalitionsvertrag der sog. Ampelregierung von 2021 auf der Agenda geblieben.

5.3   Einschränkungen bei der Strafbarkeit

Zunehmend wird – in der Gesetzgebung und im Enforcement – berücksichtigt, wenn Unternehmen nicht nur gewillt sind, Normen einzuhalten, sondern auch Anstrengungen mit einem gut ausgebauten **Compliance-Management** unternehmen, diesen Willen effektiv umzusetzen. Sofern diese Bemühungen nachprüfbar und ausreichend sind, kann dies als mildernder Umstand bei der **Strafzumessung** berücksichtigt werden.

▶ Bei einer auf eine fehlerhafte bilanzielle Bewertung einer (möglicherweise) risikobehafteten Forderung zurückzuführenden unrichtigen vorteilhaften Angabe in einem Prospekt im Sinne des § 264a Abs. 1 StGB kann die Erteilung eines uneingeschränkten Bestätigungsvermerks durch einen Wirtschaftsprüfer bei einem – redlichen – Vorstandsmitglied einer Kapitalgesellschaft, das alle Aufklärungen und Nachweise, die für eine sorgfältige Prüfung notwendig sind, erteilt respektive durch nachgeordnete Mitarbeiter oder von ihm beauftragte

---

[9] BGH, Urteil v. 17.07.2009, 5 StR 394/08, in diesem Urteil wird die Garantenstellung des Leiters der Innenrevision zumindest nicht grundsätzlich ausgeschlossen.

[10] BT-Drucksache 19/23.568 vom 21.10.2020, downloadbar unter https://dserver.bundestag.de/btd/19/235/1923568.pdf.

Dritte erteilen lässt, die Annahme eines vorsatzausschließenden Tatbestandsirrtums begründen.[11]

Für die Bemessung der Geldbuße nach § 30 Abs. 1 OWiG ist von Bedeutung, inwieweit die Nebenbeteiligte ihrer Pflicht, Rechtsverletzungen aus der Sphäre des Unternehmens zu unterbinden, genügt und ein effizientes Compliance-Management installiert hat, das auf die Vermeidung von Rechtsverstößen ausgelegt sein muss. Dabei kann auch eine Rolle spielen, ob die Nebenbeteiligte in der Folge dieses Verfahrens entsprechende Regelungen optimiert und ihre betriebsinternen Abläufe so gestaltet hat, dass vergleichbare Normverletzungen zukünftig jedenfalls deutlich erschwert werden.[12] Die Verhängung eines Bußgeldes unterbleibt regelmäßig, wenn die bußgeldbewehrte Handlung eine sog. **Exzesstat** ist. Ein Exzess liegt vor, wenn der Täter fest zum Rechtsbruch entschlossen ist und dazu vorhandene (und ausreichende!) Compliance-Strukturen bewusst umgeht oder Compliance-Kontrollen außer Kraft setzt. In diesem Fall wird vermutet, dass der Täter auch (fast) jede andere Compliance-Organisation ausgehebelt hätte. Entscheidend ist, dass die durch § 130 OWiG geforderten Maßnahmen eine Tat nicht verhindern, sondern eben „nur" wesentlich erschweren müssen.[13]

Im **Steuerstrafrecht** ist insbesondere die Steuerhinterziehung von Bedeutung. Ob es zu Bestrafungen kommt, hängt auch davon ab, ob das steuerpflichtige Unternehmen ein **steuerliches Compliance-Management (Tax CMS)** eingerichtet hat.[14] Dies leitet sich allgemein aus dem AEAO zu § 153 ab: „Hat der Steuerpflichtige ein innerbetriebliches Kontrollsystem eingerichtet, das der Erfüllung steuerlicher Pflichten dient, kann dies ggf. ein Indiz darstellen, das gegen das Vorliegen eines Vorsatzes oder der Leichtfertigkeit sprechen kann, jedoch befreit dies nicht von einer Prüfung des jeweiligen Einzelfalls."[15] Die Einrichtung dieses Kontrollsystems obliegt regelmäßig der **Steuerabteilung.**[16] Spezifischer dann z. B. Abschn. 25 f. 1 Abs. 4 S. 1 UStAE: „Ein Unternehmer, der alle Maßnahmen getroffen hat, die vernünftigerweise von ihm verlangt werden können, um sicherzustellen, dass seine Umsätze nicht in eine Umsatzsteuerhinterziehung und nicht in eine Schädigung des Umsatzsteueraufkommens einbezogen sind, kann grundsätzlich auf die zutreffende steuerrechtliche Behandlung dieser

---

[11] BGH, Urteil v. 05.05.2022, III ZR 131/20, IWW-Abrufnummer 229.940.

[12] BGH, Urteil v. 09.05.2017, 1 StR 265/16, Tz. 118.

[13] Vgl. Blassl (2016).

[14] Vgl. Kowallik (2022).

[15] AEAO zu § 153, Tz. 2.6.

[16] Zum Nuten eines Tax-CMS vgl. Alt u. a. (2022).

Umsätze vertrauen, ohne Gefahr zu laufen, sein Recht auf Vorsteuerabzug oder auf Steuerbefreiung zu verlieren." Wie auch bereits in anderen Rechtsbereichen soll auch im Steuerrecht ein aktiver Versuch der Schadenbegrenzung wohlwollend in eine Strafzumessung einbezogen werden. Seit 2023 können Beschränkungen der Ermittlungen in einer Außenprüfung (**Betriebsprüfung**) verbindlich zugesagt werden, wenn die Wirksamkeit eines **steuerlichen Internen Kontrollsystems** in einer Außenprüfung überprüft wurde und kein oder nur ein unbeachtliches steuerliches Risiko besteht (§ 38 EGAO). Ein Steuerkontrollsystem muss die steuerlichen Risiken laufend abbilden und alle innerbetrieblichen Maßnahmen umfassen, die gewährleisten, dass

- die Besteuerungsgrundlagen zutreffend aufgezeichnet und berücksichtigt werden sowie
- die hierauf entfallenden Steuern fristgerecht und vollständig abgeführt werden.

> ▸ **„Führen Nacherklärungen (Teilselbstanzeigen) des Steuerpflichtigen wegen nicht nur geringfügiger Abweichungen von den tatsächlichen Besteuerungsgrundlagen nicht zu einer Straffreiheit, so ist allerdings zu erörtern, ob solch ‚verunglückte' Selbstanzeigen gleichwohl zumindest strafmildernd wirken können."**[17]

Auch bei neuen Regeln werden bei der Bemessung von Sanktionen die Bemühungen des Unternehmens gewürdigt. Beispielsweise legt Art. 20 Abs. 2 der CSDDD[18] fest: Bei der Entscheidung über die Verhängung von Sanktionen und gegebenenfalls bei der Festlegung ihrer Art werden die Bemühungen des Unternehmens, den von einer Aufsichtsbehörde verlangten Abhilfemaßnahmen nachzukommen, gebührend berücksichtigt.

---

[17] BGH, Beschluss v. 24.03.2022, 1 StR 480/21.

[18] Vorschlag der EU-Kommission vom 23.02.2022 für eine Corporate Sustainability Due Diligence Directive (CSDDD), downloadbar unter https://eur-lex.europa.eu/resource.html?uri=cellar:bc4dcea4-9584-11ec-b4e4-01aa75ed71a1.0001.02/DOC_1&format=PDF.

Was Sie aus diesem *essential* mitnehmen können

Nach gründlicher Beschäftigung mit den Inhalten dieses Buches haben Sie die Grundlagen des Compliance-Managements erworben für

- zielorientierte Besprechungen in Managementmeetings
- Diskussionen mit dem Wirtschaftsprüfer
- Auseinandersetzungen mit der Unternehmensleitung
- schnelle Ausarbeitungen von Kurzvorträgen und Seminararbeiten
- erfolgreiche Prüfungen an Wirtschafts- und Hochschulen

Dazu haben Sie ausreichende Kenntnisse erlangt über

- die Bedeutung von
    * Compliance und
    * Non-Compliance
- die Notwendigkeit eines umfassenden Compliance-Managements
- die Elemente einer praxiskonformen Compliance-Struktur mit
    * Führen und Steuern
    * Lernen und Verstehen
    * Monitoring und Überwachung
- die Beachtung einschlägiger Normen (z. B. Gesetze und Standards)
- die Grenzen eines Compliance-Managements (z. B. bei Exzesstaten)
- die Risiken einer haftungs- oder strafrechtlichen Inanspruchnahme

J. S. Tanski, *Compliance-Management*, essentials,
https://doi.org/10.1007/978-3-658-40682-0

Literatur

Alt, Rainer/Bachmann, Carmen/Seifert, Christofer: Nutzen und Einführung eines prozessbasierten Tax-Compliance-Management-Systems, in: DB 39/2022, S. 2308–2315.

Arbeitskreis Externe und interne Überwachung der Unternehmung der Schmalenbach-Gesellschaft für Betriebswirtschaft e.V. (AKEIÜ) (2022): Empfehlungen zur Verhinderung und Aufdeckung von Top Management Fraud aus der Sicht des Aufsichtsrats, in: DB 32/2022, S. 1849–1854.

Bartuschka, Wolfram (2022): Angemessenheit und Wirksamkeit von Systemen der internen Unternehmensüberwachung im Kontext von FISG und DCGK 2022, in: BB 24/2022, S. 1387–1390.

Bausch, Olaf/Voller, Thomas (2020): Geldwäsche-Compliance, Wiesbaden 2020.

Bethke, Kai/Bach, Julia (2020): Compliance-Kommunikation, Freiburg.

Blassl, Johannes Sebastian: Umgehung von Compliance als tatbestandsausschließender Excess bei § 130 OWiG, in: CCZ 5/2016, S. 201–205.

Buck-Heeb, Petra (2019): Ressortaufteilung und Haftung von Geschäftsführern, in: BB 2019, S. 584–589.

Busch, Markus/Böhme, Frank (2020), in: Busch, Markus u. a. (Hrsg.): Antikorruptions-Compliance, Heidelberg 2020.

Eckert, Tilman/Deters, Heike (2021): Praxiswissen Compliance, Freiburg, 3. Aufl. 2021.

Fleischer, Holger (2017): Ehrbarer Kaufmann – Grundsätze der Geschäftsmoral – Reputationsmanagement: Zur „Moralisierung" des Vorstandsrechts und ihren Grenzen, in: DB 35/2017, S. 2015–2022, DB1246317.

Fleischer, Holger (2022): Zivilrechtliche Haftung im Halbschatten des Lieferkettensorgfaltspflichtengesetzes, in: DB 15/2022, S. 920–929.

Freidank, Carl-Christian (2022): Integration eines Hinweisgebersystems in die Corporate Governance von Aktiengesellschaften, in: DStR 36/2022, S. 1871–1875.

Goh, Beng Wee/Lee, Jimmy/Lim Chee Yeow/Shevlin, Terry: The Effect of Corporate Tax Avoidance on the Cost of Equity, in: The Accounting Review, November 2016 (6/91) S. 1647–1670.

Huang, Ying (Julie) (2022): The Association between Audit Office Team Diversity and Audit Quality, in: Accounting Horizons, Vol. 36, No. 2, June 2022, S. 95–121. https://doi.org/10.2308/HORIZONS-2020-047.

© Der/die Herausgeber bzw. der/die Autor(en), exklusiv lizenziert an Springer Fachmedien Wiesbaden GmbH, ein Teil von Springer Nature 2023
J. S. Tanski, *Compliance-Management*, essentials,
https://doi.org/10.1007/978-3-658-40682-0

Jonas, Peter (2016): Die Internationale Norm ISO 19600 Compliance Management Systems – Inhalte und Zertifizierung, in: ALJ 1/2016, S. 60–67, (http://alj.uni-graz.at/index. php/alj/article/view/62).

Joos, Jan/Kerckhoff, Christian/Ghassemi-Tabar, Nima (2022): Implementierung und Prüfung des Lieferketten-CMS nach IDW EPS 980 n.F., in: DB 25/2022, S. 1465–1471.

Koch, Jens (2022): Aktiengesetz, C.H. Beck, 16. Aufl. München.

Kowallik, Andreas (2022): Bayern startet Pilotprogramm zum Tax CMS in der Außenprüfung, in: DB 20/2022, S. 1231–1232.

KPMG (2022): Compliance Report 2022, abrufbar: https://home.kpmg/de/de/home/themen/ 2022/07/compliance-report-2022.html.

Lach, Sebastian/Polly, Sebastian (2017): Produkt-Compliance, Wiesbaden, 3. Aufl. 2017.

Maier, Angela/Zdrzalek, Lukas (2022): Er lacht einfach alles weg, in WiWo 33/2022, S. 15–21.

Prinz, Ulrich (2022): Internationales Unternehmenssteuerrecht – Unternehmensinteressen zwischen Steuermoral, Steuervermeidung und „überkomplexer" Steuergesetzgebung, in: DB 30/2022, S. 1730–1736.

Radbruch, Gustav (2011): Rechtsphilosophie, C.F.Müller, Heidelberg.

Sayar, Sanjar (2021): Berichterstattung zu und Prüfung von Compliance-Management-Systemen, Jahr der Veröffentlichung der Dissertation auf TUprints: 2022, Veröffentlicht unter CC BY-SA 4.0 International.

Seefelder, Günter (2021): Haftungs- und strafrechtliche Risiken bei der Unternehmensführung, Weil im Schönbuch 2021.

Stäuber, Peter (2022): Partygate: Skandal-Bericht enthüllt haarsträubende Details, Berliner Morgenpost online v. 26.5.2022, https://www.morgenpost.de/politik/article23545 6143/corona-partygate-skandal-bericht-enthuellung-johnson.html?utm_source=+Clever Reach+GmbH+%26+Co.+KG&utm_medium=email&utm_campaign=BM-Abend-Cor ona&utm_content=Mailing_13623689.

Teichmann, Fabian/Falker, Marie-Christin: Anreizsysteme und deren Compliance-Risiken, in: ZCG 6/2019, S. 245–250.

Torgler, Benno (2007), Tax Compliance and Tax Morale, Edward Elgar Publishing, Cheltenham.

Tuddenham, Helen (2022): What your people don't know might hurt you, in: Financial Management (FM), 8.8.2022, downloadbar https://www.fm-magazine.com/news/2022/ aug/mitigate-people-risk-employee-roles.html?utm_source=mnl:cpal&utm_medium= email&utm_campaign=11Aug2022.

Würz, Karl/Birker, Ann-Kathrin: Das Lieferkettensorgfaltspflichtengesetz, Freiburg 2022.

Zimmer/Helle (2016): Tests mit Tücke – Arbeitsrechtliche Anforderungen an Social Engineering Tests, in: BB 21/2016, S. 1269.

Stichwortverzeichnis